단어·회화·문법·패턴·문화를 동시에 학습하는

딱 **30**★일 만에

베트남어 완성하기

저자 최고야라

Ⓢ 시원스쿨닷컴

딱 30일 만에 **베트남어 완성하기**

초판 1쇄 발행 2021년 4월 6일
개정 1쇄 발행 2024년 8월 23일

지은이 최고아라
펴낸곳 (주)에스제이더블유인터내셔널
펴낸이 양홍걸 이시원

홈페이지 vietnam.siwonschool.com
주소 서울시 영등포구 영신로 166 시원스쿨
교재 구입 문의 02)2014-8151
고객센터 02)6409-0878

ISBN 979-11-6150-877-1
Number 1-420201-27252506-02

우리에게 베트남은 더 이상 낯선 국가가 아닙니다. 우리나라는 베트남 내 투자 유치국으로서 1, 2위를 앞다투는 동시에 베트남은 우리나라 사람들이 선호하는 해외 여행 국가 1, 2위로 손꼽힐 정도로 친숙하고도 가까운 나라입니다.

이에 따라 한국 기업의 베트남 투자, 개인의 사업 진출, 취업 혹은 이민, 유학, 여행, 결혼, 취미 등 다양한 목적을 가진 베트남어 학습자가 나날이 증가하고 있습니다. 동시에 양질의 교재에 대한 요구 또한 늘어나고 있습니다. 이러한 흐름과 수요에 부응하고자 베트남어 입문자들이 쉽게, 그리고 정확하게 학습할 수 있는 베트남어 교재를 만들게 되었습니다.

본 교재는 베트남어라는 한 그루의 나무를 키우는 과정이라는 큰 그림을 토대로 구성되었습니다. 탄탄한 뿌리는 발음과 어휘에서 시작됩니다. 교재 전체에 호치민(남부)과 하노이(북부)의 발음 및 어휘를 따로 수록하여 지역에 따른 언어의 뿌리를 튼튼하게 심을 수 있도록 하였습니다. 그 후 가장 기본적인 필수 회화 표현을 통해, 흔들리지 않는 기둥과도 같은 기초 실력을 쌓아 올릴 수 있도록 하였으며, 단계적인 문법과 어휘, 표현 학습을 통해 의사소통이라는 가지를 점점 폭넓게, 멀리 뻗을 수 있게 하였습니다. 또한 학습 중간중간 'QR로 보는 베트남 문화'라는 열매를 통해 베트남이라는 나라에 대해 보다 친숙하게 이해하고 흥미를 느낄 수 있도록 하였습니다. 13년 간의 베트남어 교육 경험과 열정을 녹여내어 만든 본 교재가 모든 학습자 여러분의 나무에게 기름진 땅과 단비가 되기를 바랍니다.

끝으로 좋은 교재를 출판할 수 있도록 도와주신 시원스쿨 편집부에 깊은 감사의 인사를 전합니다.

저자 **최고아라**

3

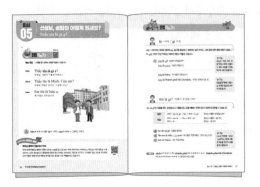

회화 익히기1·2

일상생활에서 많이 쓰이는 생생한 상황 회화를 통해 살아있는 베트남어를 학습할 수 있습니다.

QR로 보는 베트남 문화

베트남의 생활 속 다양한 이야기를 통해 베트남을 한층 더 이해할 수 있으며, QR 영상을 통해 입체적 학습이 가능합니다.

TIP

보충 설명이 필요한 내용을 간략하게 정리하였습니다.

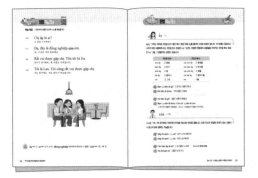

문법 익히기1·2

회화 익히기1·2에 제시된 문법 중 핵심 문법을 엄선하여 한눈에 쉽게 이해할 수 있도록 설명하였습니다.

새단어

모든 새단어에 베트남어 한글 독음을 표기하고, 하노이 ⓗ(북부)와 호치민 ⓗ(남부) 발음을 구분하여 제시하였습니다.

패턴 익히기

다양한 패턴 예문으로 실제 상황에 응용
해 볼 수 있습니다.

단어 정리

과 별 주요 단어를 모아 A~Z순으로 정렬
하였습니다.

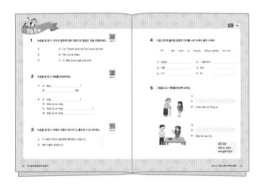

연습 문제

배운 내용을 복습할 수 있는 연습 문제를
매 과에 수록했습니다.

쓰기노트 PDF

MP3 음원을 들으며 본책의 회화 표현을
최종 점검하는 동시에 쓰기 연습까지 가능
하도록 하였습니다.

이 책의 목차

무료 제공
○ 하노이·호치민 발음 원어민 MP3 음원
○ 베트남 문화 무료 QR영상 30편
○ 쓰기노트 PDF

* 스마트폰에 QR코드 리더를 설치하여 책 속의 QR코드를 스캔합니다.
* 모든 음원은 하노이 → 호치민 발음 순으로 녹음하였습니다.

단원	회화 포인트	패턴 포인트
01과	· 기본 인사 표현을 학습한다. · 1·2인칭 호칭을 학습한다.	· (1인칭 호칭) + chào + 2인칭 호칭 · Hẹn gặp lại + 2인칭 호칭
02과	· 처음 만난 사람과 인사할 수 있다. · 오래 만에 만난 사람과 인사할 수 있다.	· Rất vui được gặp · cũng · 2인칭 호칭 + ơi
03과	· 감사와 사과 표현을 학습한다. · 2인칭 복수 호칭을 학습한다. · 부정 강조 표현을 학습한다.	· Cảm ơn + các · xin lỗi + các · 부정문 + đâu
04과	· 안부를 묻고 답하는 표현을 학습한다. · 1인칭 복수 호칭을 학습한다. · 정도 부사를 학습한다.	· có … không? · không · hơi / khá / rất / quá / thật · lắm / quá / thật
05과	· 이름을 묻고 답하는 표현을 학습한다. · 인칭 복수 호칭을 학습한다.	· là gì? · là · của
06과	· 나라 이름을 학습한다. · 국적을 묻고 답하는 표현을 학습한다.	· nào? · có … không? · Không. … không …
07과	· 직업을 묻고 답하는 표현을 학습한다.	· Chị làm … · … có phải là … không? · Không phải. … không phải là …
08과	· 여러 개의 동사를 이어서 말할 수 있다. · 취미를 묻고 답할 수 있다.	· Sở thích của anh là … · Chị thích … · phải không? · không … lắm
09과	· 목적을 나타내는 표현을 학습한다. · 취미를 묻고 답할 수 있다. · 이유를 묻고 답할 수 있다.	· Sao · Vì · để
10과	· 위치와 방향을 묻고 답할 수 있다. · 지시대명사를 학습한다.	· ở đâu? · ở · đi

단원	회화 포인트	패턴 포인트
11과	· 베트남의 숫자를 학습한다.	
12과	· 종별사의 쓰임을 학습한다. · 지시형용사를 학습한다. · 사물의 이름을 묻고 답할 수 있다.	· Cái … là · … là … · tiếng Việt gọi là
13과	· 남녀 호칭을 학습한다. · 수량과 개수를 묻고 답할 수 있다.	· có … không? · Không có. … không có … · có mấy / bao nhiêu
14과	· 나이를 묻고 답할 수 있다. · 생년과 띠를 묻고 답할 수 있다.	· tuổi · sinh năm … · tuổi con …
15과	· 자기소개를 할 수 있다. · 과거 완료 시제를 학습한다. · 주소를 묻고 답할 수 있다.	· Xin (tự) giới thiệu · Mọi · đã … rồi
16과	· 다양한 시각 표현을 학습한다. · 국적을 묻고 답하는 표현을 학습한다.	· Bây giờ là · lúc · vào
17과	· 요일과 날짜를 묻고 답할 수 있다. · 축하 표현을 학습한다.	· là + 요일 · là ngày(?) · cho
18과	· 과거 완료 시제의 의문문, 부정문을 학습한다. · 현재 진행 시점과 미래 시제를 학습한다.	· đã … chưa? · Chưa. … chưa … · đang / sẽ · bao giờ
19과	· 근접 미래 완료 시제를 학습한다. · 과거 경험 시제를 학습한다.	· sắp … rồi · định · đã bao giờ … chưa? · chưa bao giờ
20과	· 거리를 묻고 답할 수 있다. · 기간을 묻고 답할 수 있다.	· Từ A đến B · bằng · chỉ … thôi

단원	회화 포인트	패턴 포인트
21과	·가능과 불가능 여부를 묻고 답할 수 있다. ·과거~현재, 현재~미래까지의 기간을 묻고 답할 수 있다.	· có thể … được không? · Được. … có thể … được · Không được. … không thể … được · bao lâu
22과	·빈도 부사를 학습한다. ·시점을 나타내는 다양한 부사를 학습한다.	· không bao giờ, ít khi … · khi, trước khi …
23과	·가격을 묻고 답할 수 있다. ·명령문을 말할 수 있다.	· hãy … đi · cho
24과	·충고, 의무, 권유, 청유 표현을 학습한다. ·다양한 금지 표현을 학습한다.	· nên / phải · nhé (nha) · không nên, không được …
25과	·다양한 필요, 요청 표현을 학습한다. ·초대, 부탁, 요청 표현을 학습한다.	· cần · nhớ · đừng quên · mời · giúp
26과	·날씨를 묻고 답하는 표현을 학습한다. ·형용사 최상급, 비교급, 동급을 학습한다.	· (như) thế nào? · nhất · hơn · bằng / như
27과	·시도를 나타내는 표현을 학습한다. ·문미 조사를 학습한다. ·선택 접속사와 수사를 학습한다.	· chứ · nhỉ · hoặc / hay
28과	·긍정과 부정 표현을 학습한다. ·가정 용법을 학습한다.	· được · bị · trông có vẻ · nếu … thì
29과	·피동 표현을 학습한다.	· mà
30과	·점적 변화 용법을 학습한다. ·두 가지 동작이 동시에 진행됨을 나타내는 표현을 학습한다.	· càng … càng · lên / ra · đi

Inho 인호 - 한국인, 대학생, 20세
베트남에서 대학교를 다니고 있으며
마이와는 대학교 친구 사이입니다.

Mai 마이 - 한국인, 대학생, 20세
베트남에서 대학교를 다니고 있으며
인호와는 대학교 친구 사이입니다.

Lan 란 - 베트남인, 대학교 교수, 35세
인호와 마이의 대학 교수입니다.
하이를 통해 지아와 친구가 됩니다.

Minh 밍 - 베트남인, 대학교 교수, 50세
인호와 마이의 대학교 교수이자,
다소 엄한 성격의 소유자입니다.

Jia 지아 - 한국인, 회사원, 33세
하이와는 직장 동료 사이이며
하이를 통해 란과 친구가 됩니다.

Hải 하이 - 베트남인, 회사원, 25세
베트남 호치민시에 위치한 회사에 다니며
지아와 친한 직장 동료 사이입니다.

Hồng 홍 - 베트남인, CEO, 70세
하이와 지아가 다니는 회사의 사장님이며
이해심이 많은 성격입니다.

──────── 그밖의 인물 ────────

베트남인,
택시 운전기사

베트남인,
식당 직원 1

베트남인,
식당 직원 2

베트남인,
매장 직원

예비학습 01

단모음 Nguyên Âm Đơn

학습 내용

단모음이란 알파벳 중 글자가 하나만 있는 모음 12자를 가리킵니다. 영어의 w가 없으며 대신 ă, â, ê, ô, ơ, ư가 추가되어 있습니다. a, ă, â, ơ는 발음할 때 길이에 주의해야 합니다.

TRACK_1

	문자	명칭	발음	읽기 연습
1	**A a**	a 아	긴 아	an am han man
2	**Ă ă**	á 아↗	짧은 아	ăn ăm hăn măn
3	**Â â**	ớ 어↗	짧은 어	ân âm hân mân
4	**E e**	e 애	애	me ben em hen
5	**Ê ê**	ê 에	에	mê bên êm hên

6	**I i**	i ngắn 이 응안↗	이	in hi min nim
7	**O o**	o 오/어	오와 어의 중간 발음	ho no non mon
8	**Ô ô**	ô 오	오	hô nô nôm môn
9	**Ơ ơ**	ơ 어	긴 어	ơn ơm hơn mơn
10	**U u**	u 우	우	nu hu hun mum
11	**Ư ư**	ư 으	으	nư hư hưng mưng
12	**Y y**	y dài 이 자이↘	이	ly hy my sy

02

단자음 Phụ Âm Đơn

학습 내용

단자음이란 알파벳 중 글자가 하나만 있는 자음 17자를 가리킵니다. 영어의 f, j, z가 없으며 대신 đ가 추가되어 있습니다. 한국어의 자음 표시와 실제 발음법이 다르므로 주의해야 합니다.

TRACK_2

	문자	명칭	발음	읽기 연습
1	**B b**	bê 베	ㅂ ㅁ을 발음하듯 바람이 나가지 않게	ba bi bô
2	**C c**	xê 쎄	ㄲ	ca co cu
3	**D d**	dê 제	해 ㅈ (영어 Z) 호 이 (영어 Y)	da dê dư
4	**Đ đ**	đê 데	ㄷ ㄴ을 발음하듯 바람이 나가지 않게	đi đô đu
5	**G g**	giê 제	ㄱ 바람이 나가지 않도록 부드럽게	ga gô gu
6	**H h**	hát 핟↗	ㅎ	he hi hư
7	**K k**	ca 까	ㄲ	ke kê ki

8	**L l**	e-lờ 애러↘	ㄹ	la lê lu
9	**M m**	em-mờ 앰머↘	ㅁ	ma mô mơ
10	**N n**	en-nờ 앤너↘	ㄴ	nơ ne nư
11	**P p**	pê 뻬	ㅃ	pa pi pu
12	**Q q**	qui 꾸이	꾸 모음과 결합시 꾸아, 꾸에 등으로 다양하게 발음	qua quê quy
13	**R r**	e-rờ 애러↘	ⓗ ㅈ (영어 Z) ⓞ ㄹ (영어 R)	ra rô ri
14	**S s**	ét-sì 앨↗씨↘	ㅆ	sa se sô
15	**T t**	tê 떼	ㄸ	tơ tê tu
16	**V v**	vê (v)베	ㅂ 영어의 V와 같음 윗니로 아랫입술을 문 후 부드럽게 뱉으며 발음	va ve vy
17	**X x**	ích-xì 익↗씨↘	ㅆ	xe xô xu

예비학습 03

복모음 Nguyên Âm Đôi, Ba

학습 내용

복모음이란 두세 개의 모음이 합쳐진 것을 가리킵니다. 우리말의 발음 표기는 두 글자 혹은 세 글자로 하였지만 베트남에서는 하나의 음이므로 부드럽게 이어서 발음해야 합니다. 단, 유의해야 하는 발음은 모두 기재하여 따로 설명하였습니다.

* 남부에서는 두 개의 모음 알파벳 뒤에 끝자음이 있는 경우와
  세 개의 모음 알파벳이 있는 경우에는 두 번째 모음의 발음을 생략합니다.

TRACK_3

	문자	발음	읽기 연습
1	**AI ai**	아이	bai hai tai
2	**AY ay**	아이 짧게 발음	bay hay tay
3	**AO ao**	아오	bao tao sao
4	**AU au**	아우	bau tau sau
5	**ÂU âu**	어우 짧게 발음	bâu tâu sâu
6	**ÂY ây**	어이 짧게 발음	bây hây xây
7	**ƠI ơi**	어이 길게 발음	bơi hơi xơi
8	**ÊU êu**	에우	bêu nêu đêu
9	**IA ia**	이어 이아 (X)	bia địa kia
10	**UA ua**	우어 우아 (X)	bua đua cua
11	**ƯA ưa**	으어 으아 (X)	bưa đưa cưa

12	**IÊ** **iê**	㉠ 이에 ㉢ 이	biêng niên kiêm
13	**IÊU** **iêu**	㉠ 이에우 ㉢ 이우	biêu hiêu kiêu
14	**OA** **oa**	오아 (어아) 오아와 어아의 중간 발음으로 길게 발음	hoa đoan xoan
15	**OĂ** **oă**	오아 (어아) 오아와 어아의 중간 발음으로 짧게 발음	loăn đoăn xoăn
16	**OI** **oi**	오이 (어이) 오이와 어이의 중간 발음	toi voi xoi
17	**ÔI** **ôi**	오이	tôi vôi xôi
18	**UÂ** **uâ**	우어	huân luân quân
19	**UÔ** **uô**	㉠ 우오 ㉢ 우	buôn luôm muông
20	**UÔI** **uôi**	㉠ 우오이 ㉢ 우이	buôi nuôi suôi
21	**UI** **ui**	우이 길게 발음	hui lui sui
22	**UY** **uy**	우이 짧게 발음	huy luy suy
23	**UYÊ** **uyê**	㉠ 우이에 ㉢ 우이	quyên huyên luyên
24	**ƯƠ** **ươ**	㉠ 으어 ㉢ 으	cương mươn đương
25	**ƯU** **ưu**	으우	bưu cưu lưu
26	**ƯƠI** **ươi**	㉠ 으어이 ㉢ 으이	bươi lươi mươi

복자음과 끝자음

Phụ Âm Đôi, Phụ Âm Cuối

예비학습 04

학습 내용

• **복자음**: 자음 알파벳이 두세 개 합쳐진 것을 의미합니다. 우리말 발음으로 표기해 두었으나 실제 발음과는 다를 수 있으므로 주의하여 학습합니다.

• **끝자음**: 모음 뒤에 오는 자음으로 우리말의 받침과 비슷한 개념입니다.

TRACK_4

	문자	발음	읽기 연습
1	**CH ch**	ⓗ 짜과 ㅊ의 중간 ⓗ 찌	chai chan chia chưa
2	**GH gh**	ㄱ	ghe ghê ghi ghim
3	**GI gi**	ⓗ ㅈ 영어 Z ⓗ 이 영어 Y	gi giang gio giưa
4	**KH kh**	ㅋ	kha khăn khiên khoa
5	**NG ng**	응	nga ngu ngươi nguyên
6	**NGH ngh**	응	nghe nghê nghia nghiên
7	**NH nh**	니	nha nhe nhiêu nhưng
8	**PH ph**	ㅍ 영어의 F와 같음 윗니로 아랫 입술을 문 후 부드럽게 뱉으며 발음	phai phăng phu phim
9	**TH th**	ㅌ	thai thia thưa thương
10	**TR tr**	ⓗ 짜과 ㅊ의 중간 ⓗ 짜R 혀를 올려 발음	tra trên truyên trưa

문자		발음	읽기 연습	
1	**C c**	ㄱ	giâc	khoac
			chưc	nhăc
		ㅂ 단모음 o, ô, u 뒤에 오는 경우	côc	toc
			phuc	truc
2	**CH ch**	해 익 호 ㄷ	bach	êch
			trach	lich
3	**M m**	ㅁ	châm	pham
			khem	bươm
4	**N n**	해 ㄴ 호 ㅇ	dân	quân
			nghin	nhươn
5	**NG ng**	ㅇ	chăng	tiêng
			xương	xeng
		ㅁ 단모음 o, ô, u 뒤에 오는 경우	công	giông
			trong	thung
6	**NH nh**	해 잉 호 ㄴ	chanh	kinh
			nhanh	thanh
7	**P p**	ㅂ	cap	kip
			phêp	trap
8	**T t**	해 ㄷ 호 ㄱ	chôt	thiêt
			phut	vươt

성조 Thanh Điệu

예비학습 **05**

학습 내용

베트남의 성조는 6가지로 이루어져 있으며 같은 철자라도 성조의 차이에 따라 의미가 달라집니다. 모든 성조는 모음의 위 혹은 아래에 위치하며 기호의 모양을 따라 발음합니다. thanh은 성조의 이름, dấu는 성조의 기호를 나타냅니다.

TRACK_5

성조 명칭	기호 모양	발음법
1 Thanh Ngang	**없음**	'솔' 음으로 변화 없이 평평하게 발음합니다.
단어 năm 5, 년 kem 아이스크림 ăn 먹다 ông 할아버지		
2 Thanh Sắc	◢	낮은 목소리에서 높은 목소리로 쭉 끌어 올립니다. 단, 끝자음이 c, ch, t, p인 경우 짧게 발음합니다.
단어 cá 물고기 tối 어두운, 저녁 bánh 빵, 떡 nói 말하다		

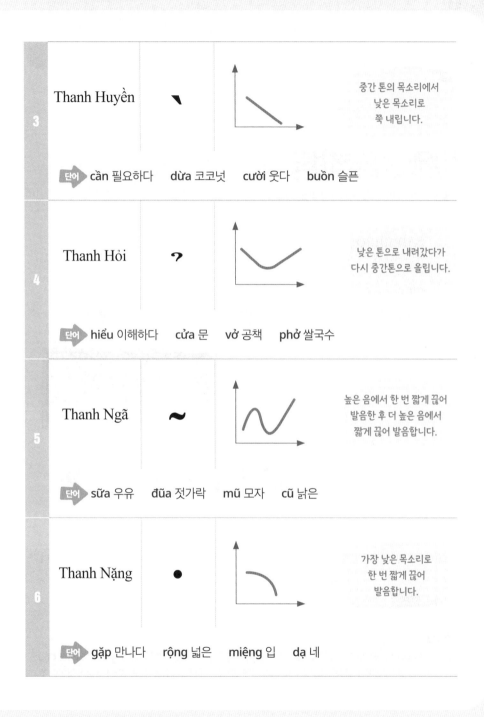

3	Thanh Huyền	`	중간 톤의 목소리에서 낮은 목소리로 쭉 내립니다.

단어 cần 필요하다　dừa 코코넛　cười 웃다　buồn 슬픈

4	Thanh Hỏi	?	낮은 톤으로 내려갔다가 다시 중간톤으로 올립니다.

단어 hiểu 이해하다　cửa 문　vở 공책　phở 쌀국수

5	Thanh Ngã	~	높은 음에서 한 번 짧게 끊어 발음한 후 더 높은 음에서 짧게 끊어 발음합니다.

단어 sữa 우유　đũa 젓가락　mũ 모자　cũ 낡은

6	Thanh Nặng	●	가장 낮은 목소리로 한 번 짧게 끊어 발음합니다.

단어 gặp 만나다　rộng 넓은　miệng 입　dạ 네

Bài 01 안녕하세요! Xin chào!

회화 익히기1

TRACK_6

학습 목표 ★ 기본 인사와 1·2인칭 호칭을 학습합니다.

Lan
Xin chào!
안녕하세요!

Inho
Chào cô!
선생님, 안녕하세요!

새단어 **xin** 씬 (하) (씽 (호) 정중한 표현 | **chào** 짜오 인사하다 | **cô** 꼬 (여자) 선생님, 고모, 아가씨, 아주머니

QR로 보는 베트남 문화

씬 짜오, 베트남!

베트남은 3000년의 유구한 역사를 지닌 나라입니다. 정식 명칭은 베트남 사회주의 공화국 (Cộng hoà Xã hội Chủ nghĩa Việt Nam)입니다. 지리적으로는 인도차이나반도 동쪽에 위치하며 중국, 라오스, 캄보디아와 국경이 맞닿아 있습니다. 총면적은 331.699km²로 한국보다 3배가량 넓으며, 남북으로 길게 뻗은 S자 형태입니다.

문화 1

문법 익히기1

 Xin chào! 안녕하세요!

Xin chào!는 '안녕하세요! 안녕히 계세요(가세요)!'라는 뜻의 기본 인사로서 만날 때와 헤어질 때 모두 사용할 수 있습니다. chào 뒤에 호칭을 붙여 'chào + 호칭!'으로 인사하면 더욱 친근한 느낌을 줍니다.

 베트남의 호칭

아래의 표현은 대부분 가족, 친척을 가리키는 호칭이지만 가족이 아닌 지인, 타인에게도 두루 사용할 수 있습니다. 다만, 나와 상대방의 나이, 성별, 관계 등을 고려하여 호칭을 선택해야 합니다. 아래의 표에서 왼쪽에 있는 호칭과 오른쪽에 있는 호칭은 대체적으로 서로 상반되는 관계입니다.

Ⓐ **Chào ông!** 할아버지, 안녕하세요!

Ⓑ **Chào cháu!** 손자야, 안녕!

ông 할아버지 **bà** 할머니 **bác** 아저씨, 아주머니 ⟷ **chú** 삼촌 **cô** 고모, 아가씨	**cháu** 손자, 조카
bố ⑩ (**ba** ⑩) 아버지 ⟷ **mẹ** ⑩ (**má** ⑩) 어머니	**con** 자녀
thầy (남자) 선생님 **cô** (여자) 선생님 ⟷ **anh** 형, 오빠 **chị** 누나, 언니	**em** 제자, 동생
bạn, cậu 친구, 너 (동갑) ⟷	**mình, tớ** 나 (동갑)
bạn 당신 ⟷	**tôi** 저

 **회화익히기2**

학습 목표 ★ 헤어질 때 하는 인사법을 학습합니다.

Inho **Em chào cô.**
선생님, 안녕히 계세요.

Lan **Hẹn gặp lại.**
또 만나자.

 em 앰 제자, 동생 **| hẹn** 핸 ⒣ (행 ⒣) 약속하다 **| gặp** 갑 만나다 **| lại** 라이 또, 다시

문법 익히기 2

 Em chào cô. 선생님, 안녕히 계세요.

Em chào cô는 영어의 'I love you(나는 너를 사랑한다)' 문장과 같은 구조로 직역하면 '나는 너에게 인사한다'라는 의미입니다. chào 뒤에 호칭을 붙여 '주어 + chào + 호칭'으로 인사하면 한층 더 예의 바르거나 친근한 느낌을 줄 수 있습니다.

Ⓐ **Cháu chào bà!** 할머니, 안녕히 계세요!

Ⓑ **Bà chào cháu!** 손자야, 안녕!

 Hẹn gặp lại. 또 만나자.

Hẹn gặp lại는 헤어질 때 하는 작별 인사로서 직역하면 '또 만날 것을 약속해요'라는 의미입니다. 주로 자주 만나는 사람에게 사용합니다. 한편 오랜 기간 헤어질 때 사용하는 tạm biệt(잠시 이별하다)라는 표현도 있으나 많이 쓰이지는 않습니다.

Ⓐ **Chào cậu.** 친구야, 안녕.

Ⓑ **Hẹn gặp lại.** 또 만나자.

★새단어 **tạm biệt** 땀 비엘 (하) (땀 빅 (호)) 잠시 이별하다

패턴 익히기

TRACK_8

1 **Chào** + 2인칭 호칭

Chào 짜오	ông 옴	할아버지, 안녕하세요.
	bác 박	아주머니, 안녕하세요.
	bạn 반 ⓗ (방 ⓢ)	친구, 안녕.
	em 앰	동생, 안녕.

2 1인칭 호칭 + chào + 2인칭 호칭

Em 앰	chào 짜오	thầy 터이	(남자) 선생님, 안녕하세요.
Em 앰		anh 아잉 ⓗ (안 ⓢ)	형(오빠), 안녕하세요.
Cô 꼬		em 앰	학생, 안녕.
Chị 찌		em 앰	동생, 안녕.

※ 1, 2인칭의 호칭은 고정된 것이 아니라 청자와 화자의 관계에 따라 구별하여 사용함

3 **Hẹn gặp lại** + 2인칭 호칭

Hẹn gặp lại 핸 ⓗ (행 ⓢ) 갑 라이	chú 쭈	삼촌, 또 만나요.
	chị 찌	누나, 또 만나요.
	bạn 반 ⓗ (방 ⓢ)	친구야, 또 만나자.
	em 앰	동생아, 또 만나자.

★새단어   ông 옴 할아버지 ㅣ bác 박 아주머니, 아저씨, 큰아버지, 큰어머니 ㅣ bạn 반 ⓗ (방 ⓢ) 친구, 당신 ㅣ
thầy 터이 (남자) 선생님 ㅣ anh 아잉 ⓗ (안 ⓢ) 형, 오빠 ㅣ chị 찌 누나, 언니 ㅣ chú 쭈 삼촌

Bài 01 단어정리

TRACK_9

문자	발음	의미
anh	아잉 ⓗ (안 ⓗ)	형, 오빠
bác	박	아주머니, 아저씨, 큰아버지, 큰어머니
bạn	반 ⓗ (방 ⓗ)	친구, 당신
cô	꼬	(여자) 선생님, 고모, 아가씨, 아주머니
chào	짜오	인사하다
chị	찌	누나, 언니
chú	쭈	삼촌
em	앰	제자, 동생
gặp	갑	만나다
hẹn	핸 ⓗ (행 ⓗ)	약속하다
lại	라이	또, 다시
ông	옴	할아버지
tạm biệt	땀 비엗 ⓗ (땀 빅 ⓗ)	잠시 이별하다
thầy	터이	(남자) 선생님
xin	씬 ⓗ (씽 ⓗ)	정중한 표현

연습 문제

1   녹음을 잘 듣고 빈칸에 들어갈 알맞은 단어를 쓰세요.

TRACK_10

① 자녀 _____   ② 약속하다 _____

③ 아저씨, 아주머니 _____   ④ 너 (동갑) _____

⑤ 나 (동갑) _____   ⑥ 형과 누나 _____

2   녹음을 잘 듣고 대화를 완성하세요.

TRACK_11

① Ⓐ _____ !

    Ⓑ Chào _____ !

② Ⓐ _____ !

    Ⓑ _____ em!

3   녹음을 잘 듣고 아래의 내용이 맞으면 O, 틀리면 X 표시하세요.

TRACK_12

① 오빠와 동생의 대화입니다. ☐

② 헤어지는 상황입니다. ☐

4 다음 빈칸에 들어갈 알맞은 단어를 <보기>에서 골라 쓰세요.

| 보기 | chào ⏐ gặp ⏐ thầy ⏐ ông ⏐ lại ⏐ hẹn |

① 할아버지 _____ ② 남자 선생님 _____

③ 약속하다 _____ ④ 인사하다 _____

⑤ 만나다 _____ ⑥ 또, 다시 _____

5 그림을 보고 대화를 완성해 보세요.

① Ⓐ Cháu chào ông!

Ⓑ _____!

또, 보자.

② Ⓐ Chào bạn.

Ⓑ _____.

반가워요. Rất vui được gặp em.

 회화 익히기1

TRACK_13

학습 목표 ★ 처음 만난 사람과 인사할 수 있습니다.

Minh　　Rất vui được gặp em.
　　　　만나서 반가워, 제자야.

Inho　　Em cũng rất vui được gặp thầy.
　　　　저도 반갑습니다, 선생님.

 새 단어　**rất** 젇 ⓗ (럭 ⓗ) 매우 | **vui** 부이 즐거운, 기쁜 | **được** 드억 ⓗ (득 ⓗ) ~하게 되다 | **cũng** 꿍 ~도, 또한, 역시

 QR로 보는 베트남 문화

천 년의 수도 하노이!
하노이는 북부 지방에 위치해 있는 베트남 천 년의 수도입니다. 2010년은 하노이가 수도가 된 지 1000년이 되는 해였으며, 한 국가에서 수도가 1000년 이상 유지되는 나라는 매우 드물기 때문에 이에 대한 하노이 사람들의 자부심은 상당합니다. 또한 하노이는 베트남의 정치 중심지로서 베트남의 주요 관공서가 대부분 위치해 있습니다.

문화 2

Rất vui được gặp 만나서 반가워

Rất vui được gặp은 '만나서 반가워'라는 의미로 gặp 뒤에 상대방의 호칭이나 이름을 넣으면 더 친근함을 느낄 수 있습니다.

A **Rất vui được gặp chị.** 만나서 반가워요, 누나.

B **Rất vui được gặp Inho.** 만나서 반가워, 인호야.

cũng ~도

cũng은 '~도, ~또한, ~ 역시'라는 의미의 부사로서 서술어 앞에 쓰입니다.

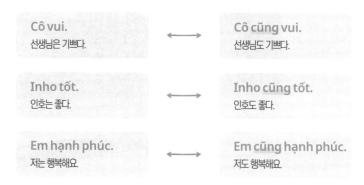

Cô vui. 선생님은 기쁘다.	⟷ Cô cũng vui. 선생님도 기쁘다.
Inho tốt. 인호는 좋다.	⟷ Inho cũng tốt. 인호도 좋다.
Em hạnh phúc. 저는 행복해요.	⟷ Em cũng hạnh phúc. 저도 행복해요.

★**새단어** tốt 똗⁽ʰᵃ⁾ (똑⁽ᵒ⁾) 좋은 ǀ hạnh phúc 하잉 풉⁽ʰᵃ⁾ (한 풉⁽ᵒ⁾) 행복한

회화 익히기 2

학습 목표 ★ 오랜만에 만난 사람과 인사할 수 있습니다.

Inho
Cô Lan ơi, lâu rồi không gặp cô.
란 선생님, 오랜만에 뵙네요.

Lan
Ừ, lâu rồi không gặp em.
응, 오랜만이야.

 새 단어 ơi 어이 부르는 말 | lâu 러우 오래 | rồi 조이 (하) (로이 호) ~되었다 | không 콤 ~하지 않다 | ừ 으 응

문법 익히기 2

ơi 부르는 말

ơi는 상대방을 부를 때 쓰는 표현으로, 남녀노소를 불문하고 상대방의 호칭이나 이름 뒤에 ơi를 붙여서 말하면 됩니다. 한편 반말로 대답할 때에는 우리말의 '응'에 해당하는 ừ를 사용하며, 높임말로 '네'라고 대답할 때에는 하노이에서는 dạ나 vâng을, 호치민에서는 dạ를 사용합니다.

(A) **Cô Lan ơi!** 란 선생님!

(B) **Ừ.** 응.

....

(A) **Em ơi!** 동생아!

(B) **Dạ. / Vâng.** 네.

lâu rồi không gặp 오랜만이야

Lâu rồi không gặp은 오랜만에 만난 상대에게 건네는 인사로서 직역하면 '만나지 않은 지 오래되었습니다' 라는 의미입니다.

(A) **Lâu rồi không gặp.** 오랜만이야.

(B) **Dạ, lâu rồi không gặp anh.** 네. 형, 오랜만이에요.

★새단어 **dạ** 자 ⓗ (야 ⓢ) 네 | **vâng** 벙 네

1 Rất vui được gặp 만나서 반갑습니다

Rất vui được gặp
젓 부이 드억 갑 (하) (럭 부이 득 갑 (호))

cô 꼬	(여자) 선생님, 만나서 반갑습니다.
chị 찌	언니, 만나서 반가워요.
bạn 반 (하) (방 (호))	친구야, 만나서 반가워.
cháu 짜우	손자(조카)야, 만나서 반가워.
con 껀 (하) (껑 (호))	얘야, 만나서 반가워.

2 cũng ~도

	cũng 꿈		
Tôi 또이		vui 부이	저도 기뻐요.
Thầy 터이		tốt 똗 (하) (똑 (호))	(남자) 선생님도 좋으세요.
Anh 아잉 (하) (안 (호))		hạnh phúc 하잉 풉 (하) (한 품 (호))	형도 행복해요.
Mình 밍 (하) (민 (호))		rất vui được gặp bạn 젓 부이 드억 갑 반 (하) (럭 부이 득 갑 방 (호))	나도 친구를 만나서 반가워.
Em 앰		rất vui được gặp anh 젓 부이 드억 갑 아잉 (하) (럭 부이 득 갑 안 (호))	저도 오빠를 만나서 반가워요.

3 2인칭 호칭 + ơi

	ơi 어이	
Bà 바		할머니!
Bố 보 (하) Ba 바 (호)		아버지!
Con 껀 (하) (껑 (호))		자녀야!
Em 앰		동생아!
Inho 인호		인호야!

Bài 02 단어 정리

문자	발음	의미
cũng	꿈	~도, 또한, 역시
dạ	자⒣ (야⒣)	네
được	드억⒣ (득⒣)	~하게 되다
hạnh phúc	하잉 풉⒣ (한 풉⒣)	행복한
không	콤	~하지 않다
lâu	러우	오래
ơi	어이	부르는 말
rất	젇⒣ (럭⒣)	매우
rồi	조이⒣ (로이⒣)	~되었다
tốt	똗⒣ (똑⒣)	좋은
ừ	으	응
vâng	벙	네
vui	부이	즐거운, 기쁜

1 녹음을 잘 듣고 빈칸에 들어갈 알맞은 단어를 쓰세요.

TRACK_17

① ~도 _____   ② 오래 _____

③ 부르는 말 _____   ④ ~하지 않다 _____

⑤ 매우 _____   ⑥ ~되었다 _____

2 녹음을 잘 듣고 대화를 완성하세요.

TRACK_18

① Ⓐ Anh Hải _____ !
　 Ⓑ _____ .

② Ⓐ _____ chị.
　 Ⓑ Chào anh. Tôi cũng _____ anh.

3 녹음을 잘 듣고 아래의 내용이 맞으면 O, 틀리면 X 표시하세요.

TRACK_19

① 둘은 처음 만난 사이입니다. ☐

② 동생의 이름은 하이입니다. ☐

4 다음 빈칸에 들어갈 알맞은 단어를 <보기>에서 골라 쓰세요.

보기   rất │ được │ hạnh phúc │ vui │ tốt │ lâu

1 즐거운, 기쁜   _____   2 매우   _____

3 ~하게 되다   _____   4 행복한   _____

5 좋은   _____   6 오래   _____

5 그림을 보고 대화를 완성해 보세요.

1

A Rất vui được gặp chú.

B _____ .

2

A Cô Lan ơi! Lâu rồi không gặp cô.

B _____ .

고마워요. 미안해요.
Cảm ơn. Xin lỗi.

TRACK_20

회화 익히기1

학습 목표 ★ 감사 표현과 높임말, 그리고 2인칭 복수 호칭을 학습합니다.

Lan
Cảm ơn các em.
애들아, 고마워.

Inho,
Mai
Dạ, không có gì (chi) ạ.
별말씀을요.

새 단어
cảm ơn = cám ơn 깜 언 ⓗ (깜 엉) ⓢ 감사하다 | các 깍 ~들 | không có 콤 꺼 없다 | gì 지 ⓗ (이 ⓢ)
무엇, 무슨 | ạ 아 높임말

QR로 보는 베트남 문화

경제 중심의 도시 호치민!
호치민은 베트남 남부에 위치해 있으며 베트남에서 가장 발전한 경제 중심 도시입니다. 옛 이름은 Sài Gòn(사이공)이
었으나 1976년 국가 영웅인 호치민 주석의 이름을 따서 도시명을 호치민으로 바꾸었습니다. 한편 도시명 앞에 thành
phố(도시)를 붙이는데 이는 호치민 주석과 구분을 하기 위함입니다.

문화 3

cảm ơn 고맙습니다

cảm ơn은 '고맙습니다, 감사합니다'라는 의미로 앞에 xin을 붙여서 정중하게 xin cảm ơn이라고 말할 수 있습니다. 또는 cảm ơn 뒤에 호칭을 넣어 더욱 정중하거나 친근하게 말할 수도 있습니다. 감사 인사에 대한 대답으로는 '천만에요'라는 의미의 không có gì로 말할 수 있습니다. 한편 남부(호치민시)에서는 cảm ơn보다 cám ơn을, không có gì보다 không có chi라는 표현을 더 많이 씁니다.

Ⓐ **Xin cảm ơn!** 감사합니다.

Ⓑ **Không có gì ạ.** 천만에요.

····································

Ⓐ **Em cám ơn anh.** 형, 고마워요.

Ⓑ **Không có chi.** 천만에.

> ★ **Tip**
> 높임말과 존댓말을 할 때는 문장 앞에 dạ나 문장 끝에 ạ를 붙여 줍니다.

 các ~들

두 명 이상의 상대방을 가리킬 때에는 호칭 앞에 các을 붙여 '~들'이라는 2인칭 복수 호칭을 사용합니다.

예 **Xin chào các bạn!** 여러분, 안녕하세요!

Cháu chào các bác ạ! 아저씨들, 안녕하세요!

Cảm ơn các chị ạ. 언니들, 감사합니다.

학습 목표 ★ 사과 표현과 부정 강조 표현을 학습합니다.

Lan
Xin lỗi các em.
애들아, 미안해.

Inho,
Mai
Không sao đâu ạ.
괜찮아요.

 xin lỗi 씬 로이 ⓗ (씽 로이 ⓝ) 사과하다 | **không sao** 콤 싸오 괜찮은 | **부정문 + đâu** 더우 전혀 ~하지 않다

문법 익히기 2

Xin lỗi 죄송합니다

xin lỗi는 '죄송합니다, 실례합니다'라는 의미로 chào나 cảm ơn과 마찬가지로 뒤에 호칭을 넣어 말할 수 있습니다. 사과 인사에 대한 대답으로는 '괜찮아요'라는 의미의 không sao라고 말할 수 있습니다.

Ⓐ **Xin lỗi bà ạ.** 할머니, 죄송합니다.

Ⓑ **Không sao.** 괜찮아.

....

Ⓐ **Mẹ ⓗ(má ⓞ) xin lỗi con.** 얘야, 미안해.

Ⓑ **Không sao ạ.** 괜찮아요.

đâu 전혀

đâu는 '전혀'라는 의미로 부정문 끝에 쓰여 부정을 강조하는 역할을 합니다.

Không có. 없다.	⟶	**Không có đâu.** 전혀 없다.
Không sao. 문제없어요.	⟶	**Không sao đâu.** 전혀 문제없어요.
Em không vui. 저는 즐겁지 않아요.	⟶	**Em không vui đâu.** 저는 전혀 즐겁지 않아요.

1 Cảm ơn + các ~들 감사합니다

Cảm ơn 깜 언 ⓗ
(깜 엉 ⓗ)

các 깍

ông 옴	할아버지들, 감사합니다.
chú 쭈	삼촌들, 감사합니다.
thầy 터이	(남자) 선생님들, 감사합니다.
bạn 반 ⓗ (방 ⓗ)	친구들, 고마워.
em 앰	동생들, 고마워.

2 xin lỗi + các ~들 죄송합니다

Cháu 짜우
Cháu 짜우
Em 앰
Tớ 떠
Thầy 터이

xin lỗi 씬 로이 ⓗ
(씽 로이 ⓗ)

các 깍

bà 바	할머니들, 죄송합니다.
bác 박	아저씨들, 죄송합니다.
cô 꼬	(여자) 선생님들, 죄송합니다.
bạn 반 ⓗ (방 ⓗ)	친구들, 미안해.
em 앰	학생들, 미안해.

3 부정문 + đâu 전혀 ~하지 않다

Không có 콤 꺼		전혀 없어요.
Mẹ không sao 매 콤 싸오		엄마는 전혀 문제없어요.
Chị không mệt 찌 콤 멭 ⓗ (멕 ⓗ)	**đâu** 더우	언니는 전혀 피곤하지 않아요.
Mình không vui 밍 ⓗ (민 ⓗ) 콤 부이		나는 전혀 즐겁지 않아요.
Em không rảnh 앰 콤 자잉 ⓗ (란 ⓗ) = Em không rỗi 앰 콤 조이 ⓗ (로이 ⓗ)		저는 전혀 한가하지 않아요.

★새단어 **mệt** 멭 ⓗ (멕 ⓗ) 피곤한 | **rảnh** 자잉 ⓗ (란 ⓗ) 한가한 | **rỗi** 조이 ⓗ (로이 ⓗ) 한가한

TRACK_23

문자	발음	의미
ạ	아	높임말
các	깍	~들
cảm ơn = cám ơn	깜 언 ⓗ (깜 엉 ⓗ)	감사하다
부정문 + đâu	더우	전혀 ~하지 않다
gì	지 ⓗ (이 ⓗ)	무엇, 무슨
không có	콤 꺼	없다
không sao	콤 싸오	괜찮은
mệt	멛 ⓗ (멕 ⓗ)	피곤한
rảnh	자잉 ⓗ (란 ⓗ)	한가한
rỗi	조이 ⓗ (로이 ⓗ)	한가한
xin lỗi	씬 로이 ⓗ (씽 로이 ⓗ)	사과하다

연습 문제

1 녹음을 잘 듣고 빈칸에 들어갈 알맞은 단어를 쓰세요.

TRACK_24

1 ~들 _____ 2 한가한 _____

3 네 _____ 4 괜찮은 _____

5 무엇, 무슨 _____ 6 사과하다 _____

2 녹음을 잘 듣고 대화를 완성하세요.

TRACK_25

1 A Xin _____ !
  B _____ đâu.

2 A Em _____ chị ạ.
  B _____ .

3 녹음을 잘 듣고 아래의 내용이 맞으면 O, 틀리면 X 표시하세요.

TRACK_26

1 여러 명의 여자 선생님과 학생이 대화하고 있습니다. ☐

2 감사 인사를 하고 있습니다. ☐

4 다음 빈칸에 들어갈 알맞은 단어를 <보기>에서 골라 쓰세요.

> 보기   các bạn ǀ mệt ǀ cảm ơn ǀ không có ǀ đâu ǀ xin lỗi

1 전혀 _____

2 피곤한 _____

3 감사하다 _____

4 사과하다 _____

5 없다 _____

6 친구들 _____

5 그림을 보고 대화를 완성해 보세요.

고마워.

1

Ⓐ _____ .

Ⓑ Không có gì.

2

Ⓐ _____ .

Ⓑ Không sao đâu.

Bài 04

잘 지내요? Chị có khỏe không?

 회화 익히기1

TRACK_27

학습 목표 ★ 안부를 묻고 답하는 표현을 학습합니다.

Hải   Chị Lan ơi, chị có khỏe không ạ?
란 씨, 잘 지내요?

Lan   Cảm ơn em. Chị khỏe.
고마워요. 저는 잘 지내요.

 khỏe 코애 건강한 | có … không 꺼~ 콤 ~합니까?

베트남의 고유 명절 설!

베트남의 가장 큰 명절은 우리와 마찬가지로 음력 설, 뗏 응우이엔 단(Tết Nguyên Đán)입니다. 베트남에는 설날 당일, 가장 처음으로 방문하는 사람이 그 집의 1년 복을 좌우한다고 믿는 쏨 덛(xông đất)이라는 풍습이 있습니다. 그래서 평소 '덕'이 많다고 생각되는 사람에게 미리 연락하여 설날 아침에 방문해달라고 부탁을 하곤 합니다.

 문화 4

문법 익히기1

có ··· không 합니까?

có ··· không은 서술어(형용사)를 이용해 '주어가 ~하는 지'를 물어볼 때 사용합니다. 문장 내에서 có, không의
의미는 아래와 같이 위치에 따라 달라집니다.

	có	không
서술어 앞	문장 의미 강조(생략 가능)	부정어 '~하지 않는다'
서술어 뒤		의문사 '~합니까?'
단독	'네' 긍정 대답	'아니요' 부정 대답

có, không을 사용하여 아래와 같이 묻고 대답할 수 있습니다.

의문문	주어 + (có) + 형용사 + không?	~은(는) ~합니까?
긍정문	Có. 주어 + 형용사.	네. ~은(는) ~합니다.
부정문	Không. 주어 + không + 형용사.	아니요. ~은(는) ~하지 않습니다.

Ⓐ **Đà Nẵng có đẹp không?** 다낭은 아름답습니까?

Ⓑ **Dạ, có. Đà Nẵng đẹp.** 네. 다낭은 아름답습니다.

Ⓒ **Dạ, không. Đà Nẵng không đẹp.** 아니요. 다낭은 아름답지 않습니다.

khỏe 건강한

khỏe는 '건강한'이라는 의미의 형용사로 서로의 안부를 묻고 답할 때 사용하는 표현입니다.

Ⓐ **Các bạn có khỏe không?** 너희들 건강하니? (잘 지내니?)

Ⓑ **Cảm ơn bạn. Mình khỏe.** 고마워. 나는 건강해.(잘 지내.)

Ⓒ **Mình bình thường.** 나는 보통이야.

★새단어 **Đà Nẵng** 다 낭 다낭(도시명) | **đẹp** 댑 아름다운, 예쁜 | **bình thường** 빙 트엉⑪ (빈 통ⓢ)
보통의, 평범한

회화 익히기2

학습 목표 ★ 1인칭 복수 호칭과 정도 부사를 학습합니다.

Lan   Các em có khỏe không?
너희들 잘 지내니?

Inho,   Có ạ. Chúng em rất khỏe.
Mai   네. 저희는 아주 잘 지내요.

 chúng 쭘 ~들(1인칭)

문법 익히기2

chúng ~들

chúng 또는 bọn은 뒤에 1인칭 호칭을 붙여 '우리', '저희'를 가리킬 수 있습니다.

	chúng + 1인칭	bọn + 1인칭
쓰임	나이가 같거나 어린 경우	나이가 비슷하거나 친한 경우
예시	· Chúng mình rảnh. 우리는 한가하다. (동갑) · Chúng em vui. 저희는 기쁩니다. (동생)	· Bọn chị rỗi. 우리는 한가하다. (누나/언니)

★ Tip
나이 차이가 많이 날 때에는 'các + 1인칭'을 사용합니다.

chúng + 1인칭은 듣는 사람 즉, 청자를 포함하는지 여부에 따라 크게 의미가 두 가지로 나뉩니다.

	chúng tôi	chúng ta
쓰임	청자 미포함	청자 포함
예시	· Chúng tôi bận. 저희는 바쁩니다.	· Chúng ta đều bận. 우리는 모두 바쁩니다.

★ Tip
đều는 '모두'라는 의미로 항상 복수 주어의 뒤에 위치합니다.

rất 아주

정도부사란 형용사의 정도를 나타내는 품사로, 단어에 따라 형용사의 앞, 혹은 뒤에 위치할 수 있습니다. rất, hơi, khá는 형용사의 앞에, lắm은 형용사의 뒤에 위치합니다. quá는 형용사의 앞, 뒤에 모두 사용할 수 있으나 위치에 따라 의미가 달라집니다. thật은 앞, 뒤 모두에 사용할 수 있으며 의미도 같습니다.

앞	형용사	뒤
khá 꽤 hơi 약간 rất 아주, 매우 quá 지나치게 thật 정말	형용사	lắm 아주, 매우 quá 너무 thật 정말

예 Tiếng Việt hay. ⇨ Tiếng Việt **khá hay.** | Tiếng Việt hay **lắm.**
베트남어는 재밌습니다.   베트남어는 꽤 재밌습니다.   베트남어는 아주 재밌습니다.

 패턴 익히기

 TRACK_29

1 có ⋯ không? ~합니까?

Mai 마이		rỗi 조이 ⓗ (로이 ⓗ)		마이는 한가합니까?
Inho 인호	**có** 꺼	cao 까오	**không?** 콤	인호는 키가 큽니까?
Cà phê 까 페		nóng 넘		커피가 뜨겁습니까?

2 không ~하지 않다

Mai 마이		rỗi 조이 ⓗ (로이 ⓗ)	마이는 한가하지 않습니다.
Inho 인호	**không** 콤	cao 까오	인호는 키가 크지 않습니다.
Cà phê 까 페		nóng 넘	커피는 뜨겁지 않습니다.

3 hơi / khá / rất / quá / thật 정도부사

	hơi 허이		란 선생님은 약간 바쁩니다.
	khá 카		란 선생님은 꽤 바쁩니다.
Cô Lan 꼬 란 ⓗ (꼬 랑 ⓗ)	rất 젇 ⓗ (럭 ⓗ)	bận 번 ⓗ (벙 ⓗ)	란 선생님은 아주 바쁩니다.
	quá 꾸아		란 선생님은 지나치게 바쁩니다.
	thật 텉		란 선생님은 정말 바쁩니다.

4 lắm / quá / thật 정도부사

	lắm 람	저는 아주 춥습니다.
Tôi lạnh 또이 라잉 ⓗ (또이 란 ⓗ)	quá 꾸아	저는 너무 춥습니다.
	thật 텉	저는 정말 춥습니다.

★새단어 **cao** 까오 키가 큰, 높은 | **cà phê** 까 페 커피 | **nóng** 넘 뜨거운, 더운 | **bận** 번 ⓗ (벙 ⓗ) 바쁜 | **lạnh** 라잉 ⓗ (란 ⓗ) 추운, 차가운

Bài 04 단어 정리

TRACK_30

문자	발음	의미
bận	번 ⓗ (벙 ⓗ)	바쁜
bình thường	빙 트엉 ⓗ (빈 틍 ⓗ)	보통의, 평범한
cà phê	까 페	커피
cao	까오	키가 큰, 높은
có … không	꺼 ~ 콤	~합니까?
chúng	쭘	~들(1인칭)
Đà Nẵng	다 낭	다낭
đẹp	댑	아름다운, 예쁜
khỏe	코애	건강한
lạnh	라잉 ⓗ (란 ⓗ)	추운, 차가운
nóng	넘	뜨거운, 더운

1 녹음을 잘 듣고 빈칸에 들어갈 알맞은 단어를 쓰세요.

TRACK_31

① 보통의 _____   ② 키가 큰, 높은 _____

③ 바쁜 _____   ④ 다낭 _____

⑤ 약간 _____   ⑥ 형들(오빠들) _____

2 녹음을 잘 듣고 대화를 완성하세요.

TRACK_32

① Ⓐ Lâu rồi không gặp. Anh _____?

Ⓑ Cảm ơn chị. Tôi _____.

Chị _____?

Ⓐ Tôi _____.

② Ⓐ Tiếng Việt _____?

Ⓑ _____. Tiếng Việt _____.

Ⓐ Có _____ không?

Ⓑ _____!

3 녹음을 잘 듣고 아래의 내용이 맞으면 O, 틀리면 X 표시하세요.

TRACK_33

① 남자들은 추위를 타고 있습니다. ☐

② 여자는 추위를 타고 있습니다. ☐

4 다음 빈칸에 들어갈 알맞은 단어를 <보기>에서 골라 쓰세요.

> 보기   khá ∣ tiếng Việt ∣ đẹp ∣ nóng ∣ khỏe ∣ cà phê

1 꽤   _____

2 커피   _____

3 뜨거운, 더운   _____

4 베트남어   _____

5 건강한   _____

6 아름다운   _____

5 그림을 보고 대화를 완성해 보세요.

1

Ⓐ _____?

Ⓑ Có. Bọn chị rất khỏe.

진짜 예뻐!

2

Ⓐ Đà Nẵng có đẹp không?

Ⓑ _____!

Bài 05

선생님, 성함이 어떻게 되세요?
Thầy tên là gì ạ?

회화 익히기1

TRACK_34

학습 목표 ★ 이름을 묻고 답하는 표현을 학습할 수 있습니다.

Inho
Thầy tên là gì ạ?
선생님, 성함이 어떻게 되세요?

Minh
Thầy tên là Minh. Còn em?
선생님 이름은 밍이야. 그런데 너는?

Inho
Em tên là Inho ạ.
제 이름은 인호입니다.

새단어
tên 뗀 ⓗ (뗑 ⓗ) 이름 | **là** 라 ~이다 | **còn** 껀 ⓗ (껑 ⓗ) 그런데, 그리고

QR로 보는 베트남 문화

베트남 황족의 핏줄 화산 이씨!
우리나라에 베트남 황족의 핏줄이 있다는 사실을 알고 있나요? 우리나라의 화산 이씨(花山 李氏)는 바로 베트남 리 왕조(Nhà Lý)의 후손입니다. 통계청에 따르면 화산 이씨는 2000년도 기준 총 557가구, 1775명이 있는 것으로 조사되었으며 이들은 현재 한국과 베트남 양국을 잇는 중요한 가교 역할을 하고 있습니다.

문화 5

문법 익히기1

là ~이다 / gì 무엇

là는 '~이다'라는 의미로 영어의 be 동사에 해당하나, 영어와는 달리 주어나 시제 등에 따른 형태 변화가 없습니다. gì는 '무엇? 무슨?'이라는 의미로 의문사 역할로 쓰입니다.

예) **Đây là gì?** 이것은 무엇입니까?

Đây là sách. 이것은 책입니다.

....

Đây là Inho. 이 사람은 인호입니다.

Đây là Thành phố Hồ Chí Minh. 여기는 호치민시입니다.

> ★ Tip
> đây는 '이것, 여기, 이분'이라는 의미로 사물이나 위치, 사람을 가리킬 때 모두 사용 가능합니다.

> ★ Tip
> 대답을 할 때에는 의문사 gì 자리만 대답으로 바꾸어 주면 됩니다.

tên là gì? 이름이 무엇입니까?

tên là gì?는 이름을 묻는 표현입니다. 이름을 묻고 답할 때에는 아래와 같이 다양하게 표현할 수 있습니다.

질문	주어 + tên là gì? = Tên + 주어 + là gì?	~은(는) 이름이 무엇입니까?
대답	주어 + tên là ~. = Tên + 주어 + là ~. 주어 + là ~.	~은(는) 이름이 ~입니다. ~은(는) ~입니다.

(A) **Em tên là gì?** 이름이 뭐예요?

(B) **Tên em là Hiền. Còn anh?** 제 이름은 히엔이에요. 그런데 당신은요?

(C) **Anh là Thành.** 저는 타잉이에요.

> ★ Tip
> còn은 '반면에', '그리고 ~는요?'라는 의미로 대화의 대상을 바꾸거나 되물을 때 사용합니다.

★ 새단어 **sách** 싸익 ⓗ (쌋 ⓗ) 책 | **thành phố** 타잉 포 ⓗ (탄 포 ⓗ) 도시 | **thành phố Hồ Chí Minh** 타잉 포 호 찌 밍 ⓗ (탄 포 호 찌 민 ⓗ) 호치민시(도시명)

학습 목표 ★ 인칭 복수 호칭과 소유격 của를 학습합니다.

Lan   Chị ấy là ai?
그 분은 누구예요?

Hải   Dạ, đây là đồng nghiệp của em.
네, 이 분은 저의 동료예요.

Jia   Rất vui được gặp chị. Tên tôi là Jia.
만나서 반가워요. 제 이름은 지아입니다.

Lan   Tôi là Lan. Tôi cũng rất vui được gặp chị.
저는 란이에요. 저도 만나서 반갑습니다.

 ấy 어이 그 | **ai** 아이 누구, 누가 | **đồng nghiệp** 돔 응이엡 ⓗ (돔 응입 ⓢ) 동료 | **của** 꾸어 ~의, ~의 것

ấy 그

ấy는 '그'라는 의미로 2인칭 단수 혹은 복수 호칭 뒤에 ấy를 붙이면 3인칭 호칭이 됩니다. 이 밖에도 동갑이나 나이가 어린 사람에게 쓰는 3인칭 단수 호칭인 nó '그(것)', 다양한 연령대의 사람들을 가리키는 3인칭 복수 호칭인 họ '그들, 그 분들'라는 표현도 있습니다.

3인칭 단수		3인칭 복수	
em ấy	그 동생	các em ấy	그 동생들
bạn ấy	그 친구	các bạn ấy	그 친구들
anh ấy	그 형	các anh ấy	그 형들
bà ấy	그 할머니	các bà ấy	그 할머니들
nó	그, 그것	họ	그들

Ⓐ Bạn ấy tên là gì? 그 친구는 이름이 뭐니?

Ⓑ Nó tên là Inho. 그의 이름은 인호야.

Ⓐ Họ tên là gì? 그들은 이름이 뭐예요?

Ⓑ Bạn ấy tên là Inho. Còn cô ấy tên là Lan.
그 친구의 이름은 인호예요. 그리고 그 선생님의 이름은 란이에요.

của ~의

của는 '~의, ~의 것'이라는 의미이며 우리말 어순과는 반대로 말합니다. 또한 자신과 친밀한 관계가 있는 사람이나 장소의 경우 생략도 가능합니다.

Ⓐ Đây là sách của ai? 이건 누구의 책이야?

Ⓑ Đây là sách của tớ. 이건 나의 책이야.

Ⓐ Các bạn ấy là ai? 그 친구들은 누구야?   ※của가 생략된 형태

Ⓑ Họ là bạn tớ. 그들은 내 친구야.

 패턴 **익히기**

1 là gì? 무엇입니까?

Cô tên 꼬 뗀 ⓗ (꼬 뗑 ⓗ)		선생님 성함은 무엇입니까?
Bạn tên 반 뗀 ⓗ (방 뗑 ⓗ)	**là gì?** 라 지 ⓗ (이 ⓗ)	친구는 이름이 뭐니?
Em ấy tên 앰 어이 뗀 ⓗ (앰 어이 뗑 ⓗ)		그 동생은 이름이 뭐니?
Nó tên 너 뗀 ⓗ (너 뗑 ⓗ)		그는 이름이 뭐니?
Đây 더이		이것은 무엇입니까?

2 là ~입니다

Tôi 또이		Mai 마이	저는 마이입니다.
Bạn ấy 반 ⓗ (방 ⓗ) 어이		Inho 인호	그 친구는 인호입니다.
Đây 더이	**là** 라	chị Jia 찌 지아	이 분은 지아 씨입니다.
Đây 더이		điện thoại 디엔 토아이 ⓗ (딩 토아이 ⓗ)	이것은 전화기입니다.
Đây 더이		Hà Nội 하 노이	여기는 하노이입니다.

3 của ~의

Đây là em trai 더이 라 앰 짜이		tôi 또이	이 사람은 저의 남동생입니다.
Đây là điện thoại 더이 라 디엔 토아이 ⓗ (딩 토아이 ⓗ)		ai? 아이	이것은 누구의 전화기입니까?
Đây là điện thoại 더이 라 디엔 토아이 ⓗ (딩 토아이 ⓗ)	**của** 꾸어	anh 아잉 ⓗ (안 ⓗ)	이것은 형의 전화기입니다.
Họ là bạn 허 라 반 ⓗ (방 ⓗ)		ai? 아이	그들은 누구의 친구니?
Họ là bạn 허 라 반 ⓗ (방 ⓗ)		em 앰	그들은 저의 친구입니다.

★새단어 **điện thoại** 디엔 토아이 ⓗ (딩 토아이 ⓗ) 전화 ㅣ **Hà Nội** 하 노이 하노이시(베트남의 수도) ㅣ **em trai**
앰 짜이 남동생

Bài 05 단어정리

TRACK_37

문자	발음	의미
ai	아이	누구, 누가
ấy	어이	그
còn	껀 ⓗ (껑 ⓗ)	그런데, 그리고
của	꾸어	~의, ~의 것
điện thoại	디엔 토아이 ⓗ (딩 토아이 ⓗ)	전화
đồng nghiệp	돔 응이엡 ⓗ (돔 응입 ⓗ)	동료
em trai	앰 짜이	남동생
Hà Nội	하 노이	하노이시(베트남의 수도)
là	라	~이다
sách	싸익 ⓗ (쌉 ⓗ)	책
tên	뗀 ⓗ (뗑 ⓗ)	이름
thành phố	타잉 포 ⓗ (탄 포 ⓗ)	도시
thành phố Hồ Chí Minh	타잉 포 호 찌 밍 ⓗ (탄 포 호 찌 민 ⓗ)	호치민시(도시명)

1 녹음을 잘 듣고 각각의 질문에 대한 대답으로 알맞은 것을 연결하세요.

TRACK_38

①   ⓐ Có. Thành phố Hồ Chí Minh rất lớn.

②   ⓑ Tên chị là Hiền.

③   ⓒ Ừ, đây là em gái của anh.

2 녹음을 잘 듣고 대화를 완성하세요.

TRACK_39

① Ⓐ Bạn _____ ?

    Ⓑ _____ Mỹ.

② Ⓐ Đây _____ ?

    Ⓑ Đây là xe máy.

    Ⓐ Đây là xe máy _____ ?

    Ⓑ Đây là xe máy _____ .

3 녹음을 잘 듣고 아래의 내용이 맞으면 O, 틀리면 X 표시하세요.

TRACK_40

① 두 사람은 여자의 남동생에 대해 말하고 있습니다. ☐

② 형의 이름은 호앙입니다. ☐

4 다음 빈칸에 들어갈 알맞은 단어를 <보기>에서 골라 쓰세요.

> 보기   tên ┃ sách ┃ ai ┃ ông ấy ┃ đồng nghiệp ┃ em trai

1 남동생 _____   2 그 할아버지 _____

3 이름 _____   4 동료 _____

5 누구 _____   6 책 _____

5 그림을 보고 대화를 완성해 보세요.

1
Ⓐ _____?
Ⓑ Cháu tên là Thúy ạ.

2
Ⓐ _____?
Ⓑ Đây là của chị.

> ★ 새단어
> **lớn** 큰, 성장한
> **em gái** 여동생

Bài 06

저는 한국 사람입니다.
Tôi là người Hàn Quốc.

회화익히기1

TRACK_41

학습 목표 ★ có … không의 용법과 나라 관련 표현을 학습합니다.

Lan Các em **có** biết tiếng Anh **không**?
너희는 영어를 아니?

Mai Có. Em biết tiếng Anh ạ.
네. 저는 영어를 알아요.

Inho Không ạ. Em không biết tiếng Anh.
아니요. 저는 영어를 몰라요.

 biết 비엗 ⓗ (빅 ⓢ) 알다 ㅣ **tiếng Anh** 띠엥 아잉 ⓗ (띵 안 ⓢ) 영어 ㅣ **không biết** 콤 비엗 ⓗ (콤 빅 ⓢ) 모르다

베트남의 여성 영웅 하이 바 쯩
하이 바 쯩(Hai Bà Trưng)은 'Trưng씨 가문의 두 자매'라는 의미이며, 베트남의 강인한 여성상을 대표하는 영웅들입니다. 베트남의 잔다르크라고도 불리나 사실 잔다르크보다 무려 14세기나 앞선 시대의 위인입니다.

문화 6

문법 익히기 1

có ⋯ không? ~합니까?

이번에 배울 có ⋯ không의 용법은 앞서 4과에서 배운 용법과 같습니다. 단, 4과에서는 서술어가 형용사인 경우를 학습했다면, 여기에서는 서술어가 동사인 경우를 학습합니다. 이때에는 뒤에 목적어를 추가할 수 있으며 '주어가 ~을(를) ~합니까'라는 의미로 동작의 유무를 물어보고 대답하는 문장이 됩니다.

의문문	주어 + (có) + 동사 (+ 목적어) + không?	~은(는) ~을(를) ~합니까?
긍정문	Có. 주어 + 동사 (+ 목적어).	네. ~은(는) ~을(를) ~합니다.
부정문	Không. 주어 + không + 동사 (+ 목적어).	아니요. ~은(는) ~을(를) ~하지 않습니다.

Ⓐ **Các bạn có thích phở không?** 너희들은 쌀국수를 좋아하니?

Ⓑ **Có. Mình rất thích phở.** 응. 나는 쌀국수를 아주 좋아해.
     정도부사 감정동사

★ **Tip**
감정동사의 경우, 정도부사(rất, thật 등)와 함께 쓸 수 있습니다.

tiếng + 나라 이름 ~어

• 나라 이름 앞에 tiếng을 붙이면 언어를 뜻하는 '~어'라는 단어가 됩니다.

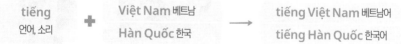

| tiếng
언어, 소리 | ✚ | Việt Nam 베트남
Hàn Quốc 한국 | → | tiếng Việt Nam 베트남어
tiếng Hàn Quốc 한국어 |

• 나라 이름 앞에 người를 붙이면 '~ 사람(인)'이라는 뜻이 됩니다.

| người
사람 | ✚ | Mỹ 미국
Pháp 프랑스 | → | người Mỹ 미국인
người Pháp 프랑스인 |

한편 베트남(越南), 한국(韓國), 중국(中國), 일본(日本) 등 한자어가 두 음절로 된 나라의 경우 뒤 음절을 생략하고 한 음절로 짧게 말할 수 있습니다.

예 người Hàn Quốc ⇨ người Hàn 한국인

  tiếng Việt Nam ⇨ tiếng Việt 베트남어

★새단어 **thích** 틱⒣ (틱⒮) 좋아하다 | **phở** 퍼 쌀국수

TRACK_42

학습 목표 ★ 의문사 nào의 쓰임과 국적을 묻고 답하는 표현을 학습할 수 있습니다.

Lan **Chị là người nước nào?**
당신은 어느 나라 사람이에요?

Jia **Tôi là người Hàn Quốc.**
저는 한국인이에요.

Chị có biết tiếng Hàn không?
당신은 한국어를 할 줄 알아요?

Lan **Không. Tôi không biết tiếng Hàn.**
아니요. 저는 한국어를 할 줄 몰라요.

 nước 느억 ⓗ (늑 ⓝ) 나라 | **nào** 나오 어느

 nào? 어느?

nào는 '어느'라는 의미의 의문사로 반드시 명사와 함께 써야 하며 명사 뒤에 위치해야 합니다.

X	O
Bạn thích nào? 너는 어느 좋아하니? ⇨	Bạn thích <u>ca sĩ</u> nào? 너는 어느 가수를 좋아하니? 명사
Bạn xem nào? 너는 어느 보니? ⇨	Bạn xem <u>phim</u> nào? 너는 어느 영화를 보니? 명사
Bạn mua nào? 너는 어느 사니? ⇨	Bạn mua <u>sách</u> nào? 너는 어느 책을 사니? 명사

 là người + 국가명 ~사람입니다

주어 + là người는 상대방의 국적을 묻고 답할 때 사용합니다.

질문	주어 + là người nước nào?	~은(는) 어느 나라 사람입니까?
대답	주어 + là người 국가명.	~은(는) ~ 사람(인)입니다.

Ⓐ Anh chị là người <u>nước nào</u>? 여러분은 어느 나라 사람이에요?

Ⓑ Anh là người Việt Nam. 저는 베트남 사람이에요.

Ⓒ Còn chị là người Trung. 그리고 저는 중국 사람이에요.

★ **Tip**
nước nào 자리에 국가명만 넣어주면 대답이 됩니다.

★**새단어** **ca sĩ** 까 씨 가수 | **xem** 쌤 보다 | **phim** 핌 영화, 드라마 | **mua** 무어 사다

패턴 익히기

TRACK_43

1 nào? 어느?

Bạn là người nước 반 라 응으어이 느억 ^하 (방 라 응으이 늑 ^호)		당신은 어느 나라 사람이에요?
Bạn thích phim 반 틱 핌 ^하 (방 틸 핌 ^호)	**nào?** 나오	당신은 어느 영화를 좋아해요?
Bạn uống cà phê 반 우옹 까 페 ^하 (방 웅 까 페 ^호)		당신은 어느 커피를 마셔요?
Bạn mua sách 반 무어 싸익 ^하 (방 무어 쌏 ^호)		당신은 어느 책을 사요?

2 có ··· không? ~합니까?

Chú 쭈		mua xe máy 무어 쌔 마이		삼촌은 오토바이를 삽니까?
Các chị 깍 찌	**có** 꺼	biết tiếng Việt 비엣 띠엥 비엣 ^하 (빅 띵 빅 ^호)	**không?** 콤	누나들은 베트남어를 압니까?
Em ấy 앰 어이		xem phim 쌤 핌		그 동생은 드라마를 봅니까?
Bạn 반 ^하 (방 ^호)		thích cà phê sữa đá 틱 ^하 (틸 ^호) 까 페 쓰어 다		너는 아이스 밀크 커피를 좋아하니?

3 Không. ··· không ··· 아니요. ~은(는) ~을(를) 하지 않습니다.

Không. 콤	Chú 쭈	**không** 콤	mua xe máy 무어 쌔 마이	아니. 삼촌은 오토바이를 사지 않아.
	Các chị 깍 찌		biết tiếng Việt 비엣 띠엥 비엣 ^하 (빅 띵 빅 ^호)	아니. 누나들은 베트남어를 몰라.
	Em ấy 앰 어이		xem phim 쌤 핌	아니. 그 동생은 드라마를 보지 않아.
	Mình 밍 ^하 (민 ^호)		thích cà phê sữa đá 틱 ^하 (틸 ^호) 까 페 쓰어 다	아니. 나는 아이스 밀크 커피를 좋아하지 않아.

★ **새단어** xe máy 쌔 마이 오토바이 ㅣ sữa 쓰어 우유 ㅣ đá 다 얼음 ㅣ cà phê sữa đá 까 페 쓰어 다 (베트남식) 아이스 밀크 커피

Bài 06 단어 정리

TRACK_44

문자	발음	의미
biết	비엗 ⓗ (빅 ⓗ)	알다
cà phê sữa đá	까 페 쓰어 다	(베트남식) 아이스 밀크 커피
ca sĩ	까 씨	가수
đá	다	얼음
không biết	콤 비엗 ⓗ (콤 빅 ⓗ)	모르다
mua	무어	사다
nào	나오	어느
nước	느억 ⓗ (늑 ⓗ)	나라
phim	핌	영화, 드라마
phở	퍼	쌀국수
sữa	쓰어	우유
thích	틱 ⓗ (틷 ⓗ)	좋아하다
tiếng Anh	띠엥 아잉 ⓗ (띵 안 ⓗ)	영어
xe máy	쌔 마이	오토바이
xem	쌤	보다

연습 문제

1 녹음을 잘 듣고 각각의 질문에 대한 대답으로 알맞은 것을 연결하세요.

TRACK_45

①   ⓐ Dạ, tôi là người Hàn Quốc.

②   ⓑ Có. Chị hiểu tiếng Việt.

③   ⓒ Em tên là Thúy ạ.

2 녹음을 잘 듣고 대화를 완성하세요.

TRACK_46

①   Ⓐ Anh chị _____ ?

     Ⓑ _____ là người Việt.

②   Ⓐ Ông bà có _____ ?

     Ⓑ Có. Bà _____ .

     Ⓒ Không. Ông _____ .

3 녹음을 잘 듣고 아래의 내용이 맞으면 O, 틀리면 X 표시하세요.

TRACK_47

① 두 사람은 처음 만난 사이입니다.   ☐

② 여자는 미국인입니다.   ☐

③ 남자는 나이가 더 많습니다.   ☐

4 다음 빈칸에 들어갈 알맞은 단어를 <보기>에서 골라 쓰세요.

> 보기   nước ┊ thích ┊ Việt Nam ┊ nào ┊ người Hàn Quốc ┊ đá

1 베트남 _____   2 한국인 _____

3 어느 _____   4 나라 _____

5 좋아하다 _____   6 얼음 _____

5 그림을 보고 대화를 완성해 보세요.

1
Ⓐ _____?

Ⓑ Có. Bọn mình rất thích cà phê sữa đá.

2
Ⓐ Em có cần điện thoại không?

Ⓑ _____.

> ★새단어
> hiểu 이해하다

무슨 일을 하세요?
Chị làm nghề gì?

회화 익히기1

TRACK_48

학습 목표 ★ 동사 làm의 쓰임과 직업을 묻고 답하는 표현을 학습할 수 있습니다.

Jia **Chị làm nghề gì?**
당신은 무슨 일을 하세요?

Lan **Tôi là giáo viên.**
저는 선생님입니다.

 làm 람 하다, 일하다, 만들다 ㅣ **nghề** 웅에 직업 ㅣ **giáo viên** 지아오 비엔 ⓗ (야오 빙 ⓗ) 선생님, 교사

오토바이 택시 쌔옴!

쌔옴(xe ôm)은 간단히 말하면 오토바이 택시입니다. 베트남은 버스 노선이 적고, 택시는 가격이 비싸기에 쌔옴은 베트남 사람들에게 없어서는 안 될 서민의 발이라고 할 수 있습니다. xe는 '차', ôm은 '끌어안다'라는 뜻으로 빠르게 달리는 오토바이에서는 운전수의 허리를 잡게 된다고 하여 붙여진 이름입니다.

문화 7

문법 익히기1

 làm 하다

동사 làm은 '하다, 만들다, 일하다'라는 의미로 문맥에 따라 다양하게 해석될 수 있습니다.

질문	대답
Em làm gì?	**Em ăn cơm.** 저는 밥을 먹습니다.
너는 뭐 하니? 너는 무엇을 만드니? 너는 무슨 일을 하니?	**Em làm cà phê.** 저는 커피를 만듭니다. **Em là nhân viên công ty du lịch.** 저는 여행사 직원입니다.

★ **Tip**
nhân viên(직원), công ty(회사), du lịch(여행하다)와 같이 여러 개의 명사를 말할 때에는 우리말과 반대 순서로 말합니다.

 làm nghề gì? 무슨 일을 하세요?

làm은 '일하다'라는 의미로 직업을 물을 때에는 '주어 + làm gì?'라고만 말해도 되지만, '직업'이라는 의미의 nghề를 넣어 '주어 + làm nghề gì?'라고도 말할 수 있습니다.

질문	주어 + làm (nghề) gì?	~은(는) 무슨 일을 합니까?
대답	주어 + là 직업.	~은(는) ~입니다.
	주어 + làm 직업.	~은(는) ~일을 합니다.

Ⓐ Các anh làm nghề gì? 여러분들은 무슨 일을 합니까?

Ⓑ Tôi là giám đốc công ty. 저는 회사 사장입니다.

Ⓒ Tôi là giáo viên tiếng Anh. 저는 영어 선생님입니다.

★ **Tip**
y tá 간호사   giáo sư 교수
giám đốc 사장   sinh viên 대학생
học sinh (초중고)학생 ca sĩ 가수

★새단어 **nhân viên** 년 비엔 ⓗ (녕 빙 ⓢ) 직원 ㅣ **công ty** 꼼 띠 회사 ㅣ **du lịch** 주 릭 ⓗ (유 릳 ⓢ) 여행하다 ㅣ
ăn 안 ⓗ (앙 ⓢ) 먹다 ㅣ **cơm** 껌 밥

학습 목표 ★ có phải là … không의 용법과 직업을 묻고 답하는 표현을 학습할 수 있습니다.

Jia **Chị có phải là giáo viên tiếng Việt không?**
당신은 베트남어 선생님입니까?

Lan **Phải, tôi là giáo viên tiếng Việt.**
네, 저는 베트남어 선생님입니다.

 phải 파이 옳은, 맞는

문법 익히기2

có phải là … không? ~은(는) ~입니까?

'주어가 명사인 것이 옳은 지 옳지 않은지'를 물을 때에는 '~은(는) ~입니까'라는 의미의 có phải là … không? 패턴을 사용합니다.

의문문	주어 + có phải là + 명사 + không?	~은(는) ~인 것이 맞습니까?
긍정문	Phải. 주어 + là + 명사.	맞습니다. ~은(는) ~입니다.
부정문	Không (phải). 주어 + không phải là + 명사.	아닙니다. ~은(는) ~인 것이 아닙니다.

Ⓐ Các cháu có phải là người Hàn Quốc không? 너희들은 한국인이니?

Ⓑ Dạ, phải. Cháu là người Hàn. 네. 저는 한국인입니다.

Ⓒ Không phải. Cháu không phải là người Hàn Quốc ạ. 아닙니다. 저는 한국인이 아닙니다.
Cháu là người Anh. 저는 영국인입니다.

⋯⋯⋯⋯⋯⋯⋯⋯⋯⋯⋯⋯⋯⋯⋯⋯⋯⋯⋯⋯⋯⋯⋯⋯⋯⋯⋯⋯⋯⋯⋯⋯⋯

Ⓐ Đây có phải là chìa khóa của cậu không? 이거는 네 열쇠니?

Ⓑ Ừ. Đây là chìa khóa nhà tớ. 응. 이건 우리 집의 열쇠야.

Ⓒ Không. Đây không phải là của tớ. 아니야. 이건 내 것이 아니야.

> ★ Tip
> 긍정 대답을 할 때에는
> phải 대신 ừ나 vâng을
> 사용해도 됩니다.

★새단어 **chìa khóa** 찌어 코아 열쇠 | **nhà** 냐 집

패턴 익히기

TRACK_50

1 Chị làm … 당신은 ~을 하다

Chị làm 찌 람	gì? 지 한 (이 호)	당신은 무엇을 해요? 당신은 무엇을 만들어요? 당신은 무슨 일을 해요?
	nghề gì? 응에 지 한 (이 호)	당신은 무슨 일을 해요?
	việc 비엑 한 (빅 호)	나는 일을 해요.
	bánh 바잉 한 (반 호)	나는 빵을 만들어요.

2 … có phải là … không? ~은(는) ~입니까?

Bà 바		giám đốc 지암 돕 한 (얌 돕 호)		할머니는 사장님이십니까?
Thầy ấy 터이 어이	có phải là 꺼 파이 라	thầy Tuấn 터이 뚜언 한 (뚜엉 호)	không? 콤	그 선생님은 뚜언 선생님입니까?
Họ 허		sinh viên 씽 비엔 한 (씬 빙 호)		그들은 대학생입니까?
Đây 더이		nhà của bạn 냐 꾸어 반 한 (방 호)		여기는 당신의 집입니까?

3 Không phải. … không phải là … 아닙니다. ~은(는) ~이 아닙니다.

Không phải. 콤 파이	Bà 바		giám đốc 지암 돕 한 (얌 돕 호)	아닙니다. 할머니는 사장님이 아닙니다.
	Thầy ấy 터이 어이	không phải là 콤 파이 라	thầy Tuấn 터이 뚜언 한 (뚜엉 호)	아닙니다. 그 선생님은 뚜언 선생님이 아닙니다.
	Họ 허		sinh viên 씽 비엔 한 (씬 빙 호)	아닙니다. 그들은 대학생이 아닙니다.
	Đây 더이		nhà của mình 냐 꾸어 밍 한 (민 호)	아닙니다. 여기는 제 집이 아닙니다.

★새단어 việc 비엑 한 (빅 호) 일, 업무 | bánh 바잉 한 (반 호) 빵

Bài 07 단어 정리

TRACK_51

문자	발음	의미
ăn	안 ^하 (앙 ^호)	먹다
bánh	바잉 ^하 (반 ^호)	빵
công ty	꼼 띠	회사
cơm	껌	밥
chìa khóa	찌어 코아	열쇠
du lịch	주 릭 ^하 (유 릳 ^호)	여행하다
giáo viên	지아오 비엔 ^하 (야오 빙 ^호)	선생님, 교사
làm	람	하다, 일하다, 만들다
nghề	응에	직업
nhà	냐	집
nhân viên	년 비엔 ^하 (녕 빙 ^호)	직원
phải	파이	옳은, 맞는
việc	비엑 ^하 (빅 ^호)	일, 업무

1 녹음을 잘 듣고 각각의 질문에 대한 대답으로 알맞은 것을 연결하세요.

TRACK_52

①   ⓐ Dạ, không. Đây là đường Nguyễn Trãi.

②   ⓑ Phải. Tôi là người Seoul.

③   ⓒ Chúng em là nhân viên công ty.

TRACK_53

2 녹음을 잘 듣고 대화를 완성하세요.

① Ⓐ Em _____ ?

   Ⓑ Em _____ .

     Em học _____ .

② Ⓐ Cô ấy _____ bác sĩ _____ ?

   Ⓑ Không phải. Cô ấy _____ bác sĩ.

     Cô ấy _____ .

TRACK_54

3 녹음을 잘 듣고 아래의 내용이 맞으면 O, 틀리면 X 표시하세요.

① 훔 씨는 은행원입니다. ☐

② 훔 씨와 남자는 아는 사이입니다. ☐

4 다음 빈칸에 들어갈 알맞은 단어를 <보기>에서 골라 쓰세요.

> 보기 du lịch ┃ công ty ┃ nhà ┃ việc ┃ nghề ┃ cơm

1 회사 _____

2 집 _____

3 여행하다 _____

4 밥 _____

5 일, 업무 _____

6 직업 _____

5 그림을 보고 대화를 완성해 보세요.

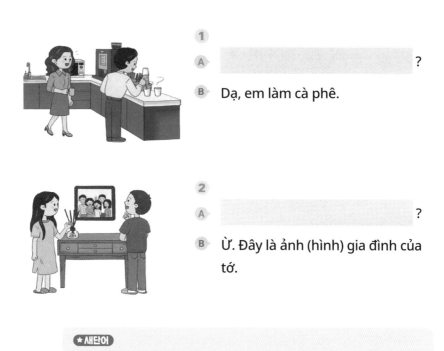

1

Ⓐ _____?

Ⓑ Dạ, em làm cà phê.

2

Ⓐ _____?

Ⓑ Ừ. Đây là ảnh (hình) gia đình của tớ.

> ★새단어
>
> **đường** 길, 도로 ┃ **học** 배우다, 공부하다 ┃ **ảnh (hình)** 사진 ┃ **gia đình** 가족

Bài 08

취미가 뭐니?
Sở thích của cậu là gì?

회화 익히기1

TRACK_55

학습 목표 ★ 여러 개의 동사를 이어서 말할 수 있으며, 취미를 묻고 답할 수 있습니다.

Mai
Sở thích của cậu là gì?
너의 취미는 뭐니?

Inho
Sở thích của tớ là hát karaoke. Còn cậu?
내 취미는 노래방에서 노래하는 거야. 너는?

Mai
Tớ cũng thích đi hát karaoke.
나도 노래방에 노래하러 가는 것 좋아해.

 sở thích 써 틱 ⓗ (써 틷 ⓢ) 취미, 취향 ∣ **hát** 핟 ⓗ (핟 ⓢ) 노래하다 ∣ **karaoke** 까라오께 노래방 ∣
đi 디 가다, ~하러 가다, ~에 가다

 QR로 보는 베트남 문화

베트남의 축구 사랑!
베트남 사람들의 축구에 대한 사랑과 열정은 대단합니다. 베트남 대표팀이 출전하는 국제 경기가 있는 날은 온 국민이
TV 앞에 앉아 응원을 하며, 경기에서 이기는 날은 온 국민이 거리로 뛰어나와 국기를 흔들며 한마음으로 승리를 축하
합니다. 다같이 승리를 축하하는 것을 가리키는 디 바오(đi bão)라는 단어가 따로 있을 정도입니다.

문화 8

Sở thích của cậu là gì? 당신의 취미는 무엇입니까?

Sở thích của cậu là gì?는 취미를 묻는 표현으로, '당신의 취미는 무엇입니까?'라고 해석할 수 있습니다.

질문	Sở thích của + 주어 + là gì?	~의 취미는 무엇입니까?
대답	Sở thích của + 주어 là ~.	~의 취미는 ~입니다.

질문	주어 + thích làm gì?	~은(는) 무엇을 하는 것을 좋아합니까?
대답	주어 + thích ~.	~은(는) ~을 좋아합니다.

Ⓐ Sở thích của bạn là gì? 네 취미는 뭐니?

Ⓑ Sở thích của tớ là nghe nhạc. 내 취미는 음악 감상이야.
Còn cậu thích làm gì? 그런데 너는 무엇을 하는 것을 좋아하니?

Ⓒ Tớ thích đi bơi. 나는 수영하러 가는 것을 좋아해.

> ★ **Tip**
> 의문사 gì 자리에 대답 내용으로 바꾸어 주기만 하면 됩니다.

 thích đi hát 동사 나열

thích đi hát은 '노래하러 가는 것을 좋아하다'라는 의미로 두 개 이상의 동사가 연이어 나오는 문장입니다.
'~하는 것을 ~하다'처럼 여러 개의 동사를 이어서 말할 때에는 우리말과 반대 순서로 단어들을 나열합니다. 또한
우리말에서는 '~하다'라는 동사 원형을 '~하고, ~하는 것, ~하기' 등으로 형태를 다르게 바꾸어 말하지만, 베트남
에서는 동사를 변화시킬 필요가 없습니다.

예 Muốn uống trà. 차를 마시고 싶다.
Muốn học tiếng Việt. 베트남어를 공부하고 싶다.
Thích ăn phở. 쌀국수 먹는 것을 좋아한다.
Thích đi xem phim. 영화 보러 가는 것을 좋아한다.

★새단어 muốn 무온 (해) (뭉 (호)) ~하고 싶다, 원하다

TRACK_56

학습 목표 ★phải không의 용법과 부정 정도부사 lắm의 쓰임을 학습합니다.

Hải   **Các chị thích đi du lịch, phải không?**
두 분은 여행가는 것을 좋아해요, 맞죠?

Jia   **Phải, chị thích đi du lịch lắm.**
맞아요, 나는 여행가는 것을 아주 좋아해요.

Lan   **Không, chị không thích đi du lịch lắm.**
아니요, 나는 여행가는 것을 별로 좋아하지 않아요.

 không ··· lắm 콤 ~ 람 별로 ~하지 않다

문법 익히기2

phải không? 맞죠?

긍정문 혹은 부정문 끝에 phải không?을 붙이면 '맞죠?, 옳습니까?, 그렇죠?'라는 의미로 물어보는 표현이
됩니다. 이에 대한 대답으로는 phải 혹은 không / không phải라고 할 수 있습니다.

Ⓐ Em là người Hàn, phải không? 당신은 한국인이에요, 그렇죠?

Ⓑ Không phải. Em không phải là người Hàn. 아니에요. 저는 한국인이 아니에요.
Em là người Trung. 저는 중국인이에요.

Ⓐ Các chị không thích ăn bánh mì, phải không?
여러분은 반미 먹는 것을 좋아하지 않는 것이 맞죠?

Ⓑ Phải. Chị không thích ăn bánh mì. 맞아요. 나는 반미 먹는 것을 좋아하지 않아요.

Ⓒ Không. Chị thích ăn bánh mì. 아니요. 나는 반미 먹는 것을 좋아해요.

부정문 + lắm 별로 ~하지 않다

정도부사 lắm은 항상 '형용사'나 '감정동사+목적어'의 뒤에 위치합니다. 단, 긍정문을 꾸며줄 때와 부정문을 꾸며
줄 때의 의미가 다르므로 주의해야 합니다.

	긍정문 + lắm	부정문 + lắm
쓰임	아주/매우 ~하다	별로 ~하지 않다
예시	· Tớ thích đi dạo lắm. 나는 산책하는 것을 아주 좋아해. · Cà phê nóng lắm. 커피가 아주 뜨거워.	· Tớ không thích đi dạo lắm. 나는 산책하는 것을 별로 좋아하지 않아. · Cà phê không nóng lắm. 커피가 별로 뜨겁지 않아.

★새단어 **bánh mì** 바잉 미 ⓗ (반 미 ⓗ) 반미(베트남식 샌드위치) | **đi dạo** 디 쟈오 ⓗ (디 야오 ⓗ) 산책하다

 패턴익히기

TRACK_57

1 Sở thích của anh là··· 나의 취미는 ~이다

Sở thích của anh là 써 틱 꾸어 아잉 라 ⓗ (써 틷 꾸어 안 라 ⓗ)	gì? 지 ⓗ (이 ⓗ)	당신의 취미는 뭐예요?
	chơi game 쩌이 갬	나의 취미는 게임하기예요.
	chơi bóng đá 쩌이 범 다	나의 취미는 축구하기예요.

2 Chị thích··· 나는 ~을 좋아한다

Chị thích 찌 틱 ⓗ (틷 ⓗ)	làm gì? 람 지 ⓗ (이 ⓗ)	당신은 뭐하는 것을 좋아해요?
	đọc sách 덥 싸익 ⓗ (쌍 ⓗ)	나는 책 읽는 것을 좋아해요.
	học ngoại ngữ 헙 응오아이 응으	나는 외국어 공부하는 것을 좋아해요.

3 phải không? 그렇죠?

Anh biết nói tiếng Việt, 아잉 비엩 너이 띠엥 비엩 ⓗ (안 빅 너이 띵 빅 ⓗ)	phải không? 파이 콤	당신은 베트남어를 말할 줄 알아요, 그렇죠?
Bạn không thích uống cà phê, 반 콤 틱 우옹 까 페 ⓗ (방 콤 틷 웅 까 페 ⓗ)		당신은 커피 마시는 것을 좋아하지 않아요, 그렇죠?
Em không muốn đi xem phim, 앰 콤 무온 ⓗ (뭉 ⓗ) 디 쌤 핌		당신은 영화를 보러 가고 싶지 않아요, 그렇죠?

4 không ··· lắm 별로~하지 않다

Cháu 짜우	không 콤	thích tập thể dục 틱 떱 테 줍 ⓗ (틷 떱 테 웁 ⓗ)	lắm 람	저는 운동하는 것을 별로 좋아하지 않아요.
Tiếng Việt 띠엥 비엩 ⓗ (띵 빅 ⓗ)		khó 커		베트남어는 별로 어렵지 않아요.
Bánh mì 바잉 미 ⓗ (반 미 ⓗ)		ngon 응언 ⓗ (응엉 ⓗ)		반미는 별로 맛있지 않아요.

★새단어 ngoại ngữ 응오아이 응으 외국어 | nói 너이 말하다 | khó 커 어려운 | ngon 응언 ⓗ (응엉 ⓗ) 맛있는

Bài 08 단어정리

문자	발음	의미
bánh mì	바잉 미 ⓗ (반 미 ⓗ)	반미(베트남식 샌드위치)
đi	디	가다, ~하러 가다, ~에 가다
đi dạo	디 자오 ⓗ (디 야오 ⓗ)	산책하다
hát	핟 ⓗ (학 ⓗ)	노래하다
karaoke	까라오깨	노래방
không … lắm	콤 ~람	별로 ~하지 않다
khó	커	어려운
muốn	무온 ⓗ (뭉 ⓗ)	~하고 싶다, 원하다
nói	너이	말하다
ngoại ngữ	응오아이 응으	외국어
ngon	응언 ⓗ (응엉 ⓗ)	맛있는
sở thích	써 틱 ⓗ (써 틸 ⓗ)	취미, 취향

1 녹음을 잘 듣고 각각의 질문에 대한 대답으로 알맞은 것을 연결하세요.

TRACK_59

①   ⓐ Vâng, em không muốn đi.

②   ⓑ Chị thích đi dạo.

③   ⓒ Phải. Mình thích học tiếng Việt lắm.

2 녹음을 잘 듣고 대화를 완성하세요.

TRACK_60

① Ⓐ Bạn thích chơi game, _____ ?

    Ⓑ _____ , mình không thích chơi game.

    Ⓐ Bạn _____ ?

    Ⓑ Sở thích của mình là _____ .

② Ⓐ Chị có _____ không?

    Ⓑ Không, chị không _____ .

3 녹음을 잘 듣고 아래의 내용이 맞으면 O, 틀리면 X 표시하세요.

TRACK_61

① 남자의 취미는 축구하는 것입니다. ☐

② 여자는 축구를 별로 좋아하지 않습니다. ☐

4 다음 빈칸에 들어갈 알맞은 단어를 <보기>에서 골라 쓰세요.

보기 sở thích | muốn | khó | ngon | đi dạo | nói

1 취미 _____

2 산책하다 _____

3 원하다 _____

4 어려운 _____

5 맛있는 _____

6 말하다 _____

5 그림을 보고 대화를 완성해 보세요.

아주 맛있어!

1
A Cà phê không ngon lắm, phải không chị?

B _____ !

2
A Em có hiểu không?

B _____ .

Bài 09

베트남에 일하러 왔어요.
Tôi đến Việt Nam để làm việc.

회화 익히기1

TRACK_62

학습 목표 ★ 목적을 나타내는 표현과 취미를 묻고 답하는 표현을 학습합니다.

Lan	Chị sang Việt Nam để làm gì ạ?
	당신은 베트남에 무엇을 하러 오셨어요?

Jia	Tôi đến Việt Nam để làm việc.
	저는 베트남에 일하러 왔어요.

Lan	Thế à?(Vậy hả?)
	그래요?

Chị nói tiếng Việt giỏi quá!
당신은 베트남어를 정말 잘하세요!

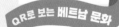
sang 쌍 건너오다, 건너가다 | **để** 데 ~하기 위해 | **đến** 덴 ⓗ (뎅 ⓢ) 오다, 가다, 도착하다 |
Thế à? (Vậy hả?) 테 아 ⓗ (버이 하 ⓢ) 그래요? | **giỏi** 지어이 ⓗ (여이 ⓢ) 잘하는

QR로 보는 베트남 문화

베트남 소수민족

베트남은 54개의 민족으로 이루어진 다민족 국가입니다. 베트남 인구 중 약 87%가량은 Việt족(=Kinh족)이며, 나머지 13%에 해당하는 53개 민족은 소수민족입니다. 소수민족 중 도시에서 생활하는 비율은 상당히 소수이고 대부분은 고산지대나 깊은 오지 등에 거주합니다. 그밖에도 중국과 다른 동남아 국가들에도 넓게 분포하고 있습니다.

문화 9

문법 익히기 1

 để ~하기 위해

A để B는 'B하기 위해 A하다'라는 의미로 어떤 일을 하는 목적을 나타낼 때 사용합니다. A와 B는 동사여야 하며, 우리말과는 문장의 순서가 반대입니다. 또한 문맥에 따라 'để + 목적(~하기 위해서이다)' 형태로 쓰이기도 합니다.

형태	A để B	để + 목적
의미	B하기 위해 A하다	~하기 위해서이다

예문	· ăn để sống 살기 위해 먹다
	· sống để ăn 먹기 위해 살다
		· Tôi sang Việt Nam để làm việc.
		  저는 일하기 위해서 베트남에 왔습니다.
		· A : Các anh học tiếng Việt để làm gì?
		  여러분들은 무엇을 하려고 베트남어를
		  공부하세요?
		  B : Để đi du lịch ạ. 여행을 가기 위해서요.

 nói … giỏi 잘 말하다

nói … giỏi와 같이 동사(nói) 뒤에 형용사(giỏi)가 오면, '~하게 ~하다'라는 의미가 되며, 형용사가 동사를 꾸며주는 역할을 하게 됩니다.

 1 Anh ăn nhiều. 나는 많이 먹어요.
　　　동사　형용사

2 Em học rất chăm chỉ. 당신은 아주 열심히 공부를 해요.
　　　동사　　　형용사

3 Bạn nói nhanh quá! 당신은 너무 빠르게 말해요!
　　　동사　형용사

4 Em ấy làm cà phê rất ngon. 그 동생은 커피를 아주 맛있게 만들어요.
　　　동사　　　　형용사

★**새단어**　**sống** 쏨 살다 ㅣ **nhiều** 니에우 ⓗ (니우 ⓩ) 많이, 많은 ㅣ **chăm chỉ** 짬 찌 열심히 하는 ㅣ **nhanh** 냐잉 ⓗ
(냔 ⓩ) 빠른, 빨리

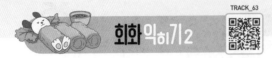

TRACK_63

학습 목표 ★ 이유를 묻고 답할 수 있으며, 접속사 và의 쓰임을 학습합니다.

Minh
Sao em học tiếng Việt?
너는 왜 베트남어를 공부하니?

Inho
Dạ, vì em muốn học lịch sử và văn hóa Việt Nam.
왜냐하면 저는 베트남의 역사와 문화를 공부하고 싶기 때문입니다.

 sao 싸오 왜 I **vì** 비 왜냐하면, ~때문에 I **lịch sử** 릭 쓰⒣ (릳 쓰⒪) 역사 I **và** 바 ~와, ~과, 그리고 I **văn hóa** 반 호아 ⒣ (방 호아 ⒪) 문화

문법 익히기2

sao, vì 왜, 왜냐하면

이유를 물을 때에는 문장 앞에 '왜'라는 의미의 의문사 sao, tại sao, vì sao를 붙입니다. 이유를 대답할 때에는 문장이나 단어 앞에 '왜냐하면, ~ 때문에'라는 의미의 접속사 vì, tại vì, bởi vì를 붙입니다.

Ⓐ Sao bạn học tiếng Hàn? 왜 너는 한국어를 공부하니?

Ⓑ Vì tớ muốn đi du học Hàn Quốc. 왜냐하면 나는 한국 유학을 가고 싶기 때문이야.

....

Ⓐ Tại sao con không ăn cơm? 왜 너는 밥을 안 먹니?

Ⓑ Con không ăn vì no quá. 저는 배가 너무 부르기 때문에 안 먹어요.

★ Tip
한 문장 안에서 이유와
결과를 모두 말할 때에는
이유 앞에 vì를 붙입니다.

và ~와, ~과

접속사 và는 '~와, ~과, 그리고'라는 의미로 영어의 and와 같은 의미입니다. 단어와 단어 사이, 문장과 문장 사이 등 다양한 위치에 사용할 수 있습니다.

예 Cô Lan và anh Hải đều là người Việt. 란 선생님과 하이 씨는 모두 베트남 사람이에요.

Em mệt và buồn ngủ. 저는 피곤하고 졸려요.

Em ăn bánh và uống nước. 저는 빵을 먹고 물을 마셔요.

Tôi học tiếng Việt. Và tôi dạy tiếng Hàn. 저는 베트남어를 공부해요.

그리고 저는 한국어를 가르쳐요.

★새단어 du học 주 헙ⓗ (유 헙ⓢ) 유학하다 | no 너 배부른 | ngủ 응우 자다 | buồn ngủ 부온 응우ⓗ (붕 응우ⓢ) 졸린 | dạy 자이ⓗ (야이ⓢ) 가르치다

패턴 익히기

TRACK_64

1 Sao 왜

Sao 싸오	chị đến muộn (trễ)? 찌 덴 무온 ⓗ (찌 뎅 쩨 ⓗ)	당신은 왜 늦게 왔어요?
	bạn cười? 반 끄어이 ⓗ (방 끄이 ⓗ)	당신은 왜 웃어요?
	xem phim? 쌤 핌	당신은 왜 영화를 봐요?

2 Vì ~하기 때문이다

Vì 비	tắc đường (kẹt xe) 딱 드엉 ⓗ (깻 쌔 ⓗ)	길이 막혔기 때문이에요.
	phim buồn cười quá 핌 부온 끄어이 꾸아 ⓗ (핌 붕 끄이 꾸아 ⓗ)	영화가 너무 웃기기 때문이에요.
	anh ấy 아잉 어이 ⓗ (안 어이 ⓗ)	그 사람 때문이에요.

3 vì ~하기 때문에

Chị đến muộn (trễ) 찌 덴 무온 ⓗ (찌 뎅 쩨 ⓗ)	vì 비	tắc đường (kẹt xe) 딱 드엉 ⓗ (깻 쌔 ⓗ)	길이 막혔기 때문에 제가 늦게 왔어요.
Mình cười nhiều 밍 끄어이 니에우 ⓗ (민 끄이 니우 ⓗ)		phim buồn cười quá 핌 부온 끄어이 꾸아 ⓗ (핌 붕 끄이 꾸아 ⓗ)	영화가 너무 웃기기 때문에 나는 많이 웃어요.
Tôi học tiếng Việt 또이 헙 띠엥 비엘 ⓗ (또이 헙 띵 빅 ⓗ)		muốn đi Việt Nam 무온 디 비엘 남 ⓗ (뭉 디 빅 남 ⓗ)	저는 베트남에 가고 싶기 때문에 베트남어를 공부해요.

4 để ~하기 위해

Cô đi nhà sách 꼬 디 냐 싸익 ⓗ (냐 쌱 ⓗ)	để 데	làm gì ạ? 람 지 ⓗ (이 ⓗ) 아	고모는 무엇을 하기 위해 서점에 가세요?
Anh đi công viên 아잉 디 꼼 비엔 ⓗ (안 디 꼼 빙 ⓗ)		hẹn hò 핸 허 ⓗ (행 허 ⓗ)	형은 데이트하기 위해 공원에 가요.
Chúng tôi học tiếng Việt 쭘 또이 헙 띠엥 비엘 ⓗ (쭘 또이 헙 띵 빅 ⓗ)		đi Việt Nam 비엘 남 ⓗ (디 빅 남 ⓗ)	저희는 베트남에 가기 위해 베트남어를 공부합니다.

TRACK_65

문자	발음	의미
buồn ngủ	부온 응우 ⓗ (붕 응우 ⓞ)	졸린
chăm chỉ	짬 찌	열심히 하는
dạy	자이 ⓗ (야이 ⓞ)	가르치다
du học	주 헙 ⓗ (유 헙 ⓞ)	유학하다
để	데	~하기 위해
đến	덴 ⓗ (뎅 ⓞ)	오다, 가다, 도착하다
giỏi	지어이 ⓗ (여이 ⓞ)	잘하는
lịch sử	릭 쓰 ⓗ (릳 쓰 ⓞ)	역사
no	너	배부른
ngủ	응우	자다
nhanh	냐잉 ⓗ (냔 ⓞ)	빠른, 빨리
nhiều	니에우 ⓗ (니우 ⓞ)	많이, 많은
sang	쌍	건너오다, 건너가다
sao	싸오	왜
sống	쏨	살다
thế à?	테 아? ⓗ	그래요?
và	바	~와, ~과, 그리고
văn hóa	반 호아 ⓗ (방 호아 ⓞ)	문화
vậy hả?	버이 하? ⓞ	그래요?
vì	비	왜냐하면, ~ 때문에

연습 문제

1 녹음을 잘 듣고 각각의 질문에 대한 대답으로 알맞은 것을 연결하세요.

TRACK_66

①   ⓐ Mình ăn nhanh vì không có thời gian.

②   ⓑ Để mua sách tiếng Anh.

③   ⓒ Tại vì mình bận quá.

2 녹음을 잘 듣고 대화를 완성하세요.

TRACK_67

① Ⓐ Em sang Việt Nam _____?

    Ⓑ Em sang Việt Nam _____ học tiếng Việt ạ.

    Ⓐ Học tiếng Việt _____?

    Ⓑ Vâng, học tiếng Việt _____.

② Ⓐ Em mệt quá!

    Ⓑ _____?

    Ⓐ _____ em _____.

    Ⓑ Cố lên em!

3 녹음을 잘 듣고 아래의 내용이 맞으면 O, 틀리면 X 표시하세요.

TRACK_68

① 남자는 바쁩니다. ☐

② 여자는 집에서 영화를 보고 싶어합니다. ☐

③ 두 사람은 영화관에 갈 것입니다. ☐

4 다음 빈칸에 들어갈 알맞은 단어를 <보기>에서 골라 쓰세요.

> 보기   dạy ｜ nhanh ｜ du học ｜ sống ｜ văn hóa ｜ buồn ngủ

1 빠른 _____   2 살다 _____

3 문화 _____   4 졸린 _____

5 유학하다 _____   6 가르치다 _____

5 그림을 보고 대화를 완성해 보세요.

1
A Sao chị không uống cà phê?
B _____ .

2
A Cậu đi công viên để làm gì?
B _____ .

★새단어
thời gian 시간
cố lên 힘내다, 파이팅

Bài 10

어디에서 사니?
Cháu sống ở đâu?

회화 익히기1

TRACK_69

학습 목표 ★ 위치를 묻고 답할 수 있으며, 지시대명사를 학습합니다.

Inho
A lô? Mai ở đâu đấy?
여보세요? 마이야, 어디에 있니?

Mai
Inho à? Tớ ở nhà.
인호니? 나 집에 있어.

Inho
Cậu làm gì ở đấy?
너 거기서 뭐해?

Mai
Tớ nghỉ ở đây.
나 여기서 쉬어.

 a lô 아 로 여보세요 | **ở** 어 ~에 있다, ~에(서) | **đâu** 더우 어디 | **~ à?** 아 ~합니까? | **đấy** 더이 거기, 그것, 그 사람 | **nghỉ** 응이 쉬다

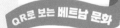 **QR로 보는 베트남 문화**

베트남의 지역별 음식 특색!

베트남은 지역마다 음식의 특색이 매우 강한데, 북부 지역의 음식은 대체로 담백하며 새콤짭짤한 맛이 납니다. 대표적인 요리로는 하노이의 쌀국수 phở, 분짜 bún chả가 있습니다. 남부 지역의 음식은 달달하면서도 부드러운 감칠맛을 잘 살려내는 것이 특징입니다. 대표적인 요리로는 호치민시의 깨진 쌀로 만든 덮밥 cơm tấm이 있습니다.

문화 10

문법 익히기1

 ở ~에(서) / đâu 어디

· 전치사 ở는 '~에, ~에서'라는 의미로 위치를 말할 때 사용합니다. 이 밖에도 문장 안에 동사가 없는 경우에는 '~에 있다, ~에서 살다' 등의 동사 역할로도 쓰입니다.
· 의문사 đâu는 '어디'라는 의미로 위치를 물을 때 사용합니다. 문장 끝에서 부정문의 의미를 강조하는 đâu(전혀)의 쓰임과 구분하도록 합니다.

Ⓐ Em học ở đâu? 당신은 어디에서 공부해요?

Ⓑ Em học ở trường đại học Hà Nội. 저는 하노이 대학교에서 공부해요.

Ⓐ Chị ở đâu đấy? 당신은 어디에 있어요?

Ⓑ Chị ở văn phòng. 나는 사무실에 있어요.

★ Tip
의문문 끝의 đấy는 별다른 의미 없이 친근한 말투를 만들어 줍니다.

 đấy 거기 / đây 여기

đấy, đây 등은 어떤 사물이나 위치, 사람을 가리킬 때 사용하는 지시대명사입니다. 우리말에서는 '이것, 여기, 이 사람'이라는 단어를 구분해서 써야 하지만 베트남어에서는 한 단어로 모두 쓸 수 있습니다.

지시대명사	đây	kia	đó, đấy
의미	여기, 이것, 이 사람	저것, 저기, 저 사람	거기, 그것, 그 사람
쓰임	말하는 사람에게 가까운 것을 가리킬 때	말하는 사람이나 듣는 사람으로부터 멀리 있는 것을 가리킬 때	말하는 사람에게는 멀고, 듣는 사람에게는 가까운 것을 가리킬 때

예 Đây là nhà của tôi. 여기는 우리 집이에요.

Nhà vệ sinh ở kia. 화장실은 저기에 있어요.

Chị mua xe máy ở đó. 나는 그곳에서 오토바이를 샀어요.

★ 새단어 trường 쯔엉ⓗ (쯩ⓞ) 학교 | đại học 다이 헙 대학 | văn phòng 반 펌ⓗ (방 펌ⓞ) 사무실 | nhà vệ sinh 냐 베 씽ⓗ (냐 베 씬ⓞ) 화장실

학습 목표 ★ 동사 đi의 쓰임과 위치, 방향을 나타내는 단어들을 학습합니다.

Hồng Cháu **đi đâu** đấy?
너 어디 가니?

Jia Cháu về nhà, sếp ạ.
저 집에 갑니다, 사장님.

Hồng Thế à? (Vậy hả)? Cháu sống ở đâu?
그러니? 너는 어디에 사니?

Jia Cháu sống gần đây. Nhà cháu ở bên **cạnh** bưu điện ạ.
저는 여기 근처에 살아요. 저희 집은 우체국 옆쪽에 있어요.

 về 베 돌아가다, 돌아오다 ǀ **sếp** 쎕 상사 ǀ **gần đây** 건 더이 ⓗ (겅 더이 ⓞ) 근처 ǀ **bên** 벤 ⓗ (벵 ⓞ) ~쪽 ǀ
cạnh 까잉 ⓗ (깐 ⓞ) 옆 ǀ **bưu điện** 브우 디엔 ⓗ (브우 딩 ⓞ) 우체국

문법 익히기2

 đi đâu? 어디 가니?

đi đâu?는 '어디 가니?'라는 의문문이지만, 단순한 안부 인사로도 쓰입니다. 따라서 대답할 때에는 'đi + 명사 (~에 가다)' 또는 'đi + 동사(~하러 가다)', 혹은 'chào+호칭(인사)' 형태로 대답할 수 있습니다.

질문	대답	
Em đi đâu?	đi Hàn Quốc 한국에 가요	đi làm 일하러 가요, 출근해요
	đi chợ 시장에 가요	đi học 공부하러 가요, 등교해요

Ⓐ **Em đi đâu đấy?** 어디 가요?(안부 인사)
Ⓑ **Em chào chị!** 안녕하세요!

> ★ **Tip**
> 평소에 출근하거나 등교할 때에는 đi làm, đi học을 사용하며, 특정한 목적지가 있어 회사와 학교를 방문할 때에는 đến công ty(회사에 가다), đến trường(학교에 가다)라고 표현합니다.

 cạnh 옆

아래의 단어들은 방향을 나타낼 때뿐만 아니라 시간이나 범위 등을 나타낼 때에도 사용됩니다.

trước 앞	sau 뒤	trái 왼(쪽)	phải 오른(쪽)
trên 위	dưới 아래	giữa 가운데	cạnh 옆
trong 안	ngoài 밖	đối diện 맞은 편	

예 **Sách ở trong phòng.** 책이 방 안에 있습니다.

Xe máy ở trước cửa. 오토바이는 문 앞에 있습니다.

Nhà tôi ở bên trái hiệu sách. 우리 집은 서점 왼쪽에 있습니다.

★**새단어** **chợ** 쩌 시장 | **cửa** 끄어 문

패턴 익히기

1 ở đâu? 어디에 있니?

Con 껀 ⓗ (껑 ⓗ)		얘야, 어디에 있니?
Quê bạn 꾸에 반 ⓗ (방 ⓗ)		당신의 고향은 어디에 있어요?
Túi của em 뚜이 꾸어 앰	**ở đâu?** 어 더우	당신의 가방은 어디에 있어요?
Anh sống 아잉 쏨 ⓗ (안 쏨 ⓗ)		당신은 어디에서 살아요?
Em làm việc 앰 람 비엑 ⓗ (빅 ⓗ)		당신은 어디에서 일해요?

2 ở ~에 있다, ~에(서)

Con 껀 ⓗ (껑 ⓗ)		trong siêu thị ạ 쩜 씨에우 티 ⓗ (쩜 씨우 티 ⓗ)	저는 마트 안에 있어요.
Quê mình 꾸에 밍 ⓗ (민 ⓗ)		Đà Nẵng 다 낭	제 고향은 다낭에 있어요.
Túi của em 뚜이 꾸어 앰	**ở** 어	trên ghế 쩬 ⓗ (쩽 ⓗ) 게	제 가방은 의자 위에 있어요.
Anh sống 아잉 쏨 (안 쏨 ⓗ)		trên đường Lê Lợi 쩬 드엉 레 러이 ⓗ (쩽 등 레 러이 ⓗ)	저는 레 러이 길에 살아요.
Em làm việc 앰 람 비엑 ⓗ (빅 ⓗ)		bưu điện 브우 디엔 ⓗ (브우 딩 ⓗ)	저는 우체국에서 일해요.

3 đi ~에 가다

		đâu đấy ạ? 더우 더이 아	아빠, 어디 가세요?
		Hà Nội 하 노이	아빠는 하노이에 가.
Bố 보 ⓗ Ba (바 ⓗ)	**đi** 디	công tác 꼼 딱	아빠는 출장을 가.
		làm 람	아빠는 일하러 가.
		về nhà 베 냐	아빠는 집에 돌아가.

★새단어 **quê** 꾸에 고향 | **túi** 뚜이 가방, 주머니 | **ghế** 게 의자 | **siêu thị** 씨에우 티 ⓗ (씨우 티 ⓗ) 마트 | **đi công tác** 디 꼼 딱 출장가다

Bài 10 단어 정리

문자	발음	의미
a lô	아 로	여보세요
~ à?	~아?	~합니까?
bên	벤⍟ (벵⍟)	쪽
bưu điện	브우 디엔⍟ (브우 딩⍟)	우체국
cạnh	까잉⍟ (깐⍟)	옆
cửa	끄어	문
chợ	쩌	시장
đại học	다이 헙	대학
đâu	더우	어디
đấy	더이	거기, 그것, 그 사람
đi công tác	디 꼼 딱	출장가다
gần đây	건 더이⍟ (겅 더이⍟)	근처
ghế	게	의자
nghỉ	응이	쉬다
nhà vệ sinh	냐 베 씽⍟ (냐 베 씬⍟)	화장실
ở	어	~에 있다, ~에(서)
quê	꾸에	고향, 시골
sếp	쎕	상사
siêu thị	씨에우 티⍟ (씨우 티⍟)	마트
túi	뚜이	가방, 주머니
trường	쯔엉⍟ (쯩⍟)	학교
văn phòng	반 펌⍟ (방 펌⍟)	사무실
về	베	돌아가다, 돌아오다

1 녹음을 잘 듣고 각각의 질문에 대한 대답으로 알맞은 것을 연결하세요.

TRACK_73

①   ⓐ Không. Mình không ở nhà. Mình ở ngoài.

②   ⓑ Bút em ở trong túi ạ

③   ⓒ Chúng tôi ăn cơm ở kia.

④   ⓓ Chào Dũng. Tớ đi học.

2 녹음을 잘 듣고 대화에서 말하는 위치를 찾아보세요.

TRACK_74

①    ⓐ

3 녹음을 잘 듣고 아래의 내용이 맞으면 O, 틀리면 X 표시하세요.

TRACK_75

① 여자는 사무실에 있습니다. ☐

② 남자는 밖에 나가고 싶어합니다. ☐

③ 두 사람은 함께 외출할 것입니다. ☐

4 다음 빈칸에 들어갈 알맞은 단어를 <보기>에서 골라 쓰세요.

보기 cạnh ｜ văn phòng ｜ gần đây ｜ siêu thị ｜ đi công tác ｜ trường

1 옆 _____ 　　2 마트 _____

3 근처 _____ 　　4 학교 _____

5 출장가다 _____ 　　6 사무실 _____

5 그림을 보고 대화를 완성해 보세요.

1

Ⓐ Chị đi đâu ạ?

Ⓑ _____ .

2

Ⓐ Cháu học tiếng Việt ở đâu?

Ⓑ _____ .

Bài 11

하나 둘 셋 một hai ba

학습 목표 ★ 베트남의 숫자를 학습합니다.

TRACK_76

1~9

0	không	5	năm
1	một	6	sáu
2	hai	7	bảy
3	ba	8	tám
4	bốn	9	chín

10~19

10	mười	15	mười lăm
11	mười một	16	mười sáu
12	mười hai	17	mười bảy
13	mười ba	18	mười tám
14	mười bốn	19	mười chín

• 15, 25, 35, 45, 55, 65, 75, 85, 95 : 십의 자리 뒤에 오는 일의 자리 5는 lăm으로 발음합니다.

QR로 보는 베트남 문화

베트남의 행운의 숫자와 불운의 숫자

베트남에서는 숫자 9를 행운의 숫자로 여깁니다. 숫자 9는 일의 자리의 숫자 중 가장 높은 숫자이면서 황제의 숫자이자 장수, 완벽의 의미를 가지고 있기 때문입니다. 반면 숫자 3과 7은 불운의 숫자로 여겨집니다. 그래서 3과 7이 들어간 전화번호나 차량 번호판을 기피합니다.

문화 11

20~99

20	hai mươi	55	năm mươi lăm
21	hai mươi mốt	66	sáu mươi sáu
24	hai mươi bốn	77	bảy mươi bảy
33	ba mươi ba	88	tám mươi tám
44	bốn mươi bốn	99	chín mươi chín

• 20 … 99 : 십의 자리 숫자가 2 ~ 9인 경우, mười는 '숫자+mươi' 형태로 쓰입니다.
• 21, 31 … 91 : 십의 자리의 뒤에 오는 1은 một에서 mốt으로 바뀝니다.
• 24, 34 … 94 : 십의 자리의 뒤에 오는 4는 bốn 혹은 tư 두 가지로 읽을 수 있습니다.
• 20, 30 … 90 : 십 단위 숫자가 0으로 끝나는 경우 mươi 대신 chục을 사용하기도 합니다.

100~999

100	một trăm	340	ba trăm bốn mươi
202	hai trăm linh 해 (lẻ 호) hai	999	chín trăm chín mươi chín

• 100은 trăm으로만 읽는 것이 아니라 반드시 숫자 1을 붙여 một trăm이라고 읽어야 합니다.
• 십의 자리의 숫자가 0인 경우, 우리말처럼 생략하는 것이 아니라 반드시 linh 해 (lẻ 호)으로 읽어야 합니다.

1,000~9,999

1.000	một nghìn 해 (ngàn 호)
2.025	hai nghìn không trăm hai mươi lăm
4.005	bốn ngàn không trăm linh năm
9.999	chín nghìn chín trăm chín mươi chín

• 베트남에서는 우리와 반대로 끊어읽기를 온점(.)으로, 소수점을 쉼표(,)로 표시합니다.
  해 1.234 = một nghìn hai trăm ba mươi bốn 천이백삼십사
  1,234 = một phẩy hai ba bốn 일 점 이삼사
• 1000을 말할 때 북부에서는 nghìn을, 남부에서는 ngàn을 사용합니다.
• 1000은 반드시 숫자 1을 붙여 một nghìn 해 (ngàn 호)이라고 읽어야 합니다.
• 백의 자리의 숫자가 0인 경우 생략하는 것이 아니라 반드시 không trăm으로 읽어야 합니다.

10,000 이상

10.000	만	mười nghìn
100.000	십만	một trăm nghìn
1.000.000	백만	một triệu
10.000.000	천만	mười triệu
100.000.000	일억	một trăm triệu
1.000.000.000	십억	một tỷ
10.000.000.000	백억	mười tỷ

- 베트남은 화폐 단위가 크므로 큰 단위의 숫자도 알아야 합니다.
- 만 이상의 숫자는 영어와 마찬가지로 온점을 따라 세 자리씩 끊어 읽습니다.

서수 số thứ tự

첫째	thứ nhất	여섯째	thứ sáu
둘째	thứ hai	일곱째	thứ bảy
셋째	thứ ba	여덟째	thứ tám
넷째	thứ tư	아홉째	thứ chín
다섯째	thứ năm	열째	thứ mười

- 첫째는 thứ một이 아닌 thứ nhất, 넷째는 thứ bốn이 아닌 thứ tư라고 읽어야 합니다.

연습 문제

1 녹음을 잘 듣고 맞으면 O, 틀리면 X 표시하세요.

TRACK_77

① 17 - mười bảy ☐

② 25 - hai mười năm ☐

③ 570 - năm nghìn ^하(ngàn ^호) bảy mươi ☐

④ 2.025 - hai nghìn ^하(ngàn ^호) không trăm hai mươi lăm ☐

⑤ 500.000 - năm mươi nghìn ^하(ngàn ^호) ☐

2 녹음을 잘 듣고 숫자를 완성해 보세요.

TRACK_78

① 30 – ba _____

② 103 - một trăm _____ ba

③ 25.000 - hai mươi lăm _____

④ 150.000 - _____ nghìn ^하(ngàn ^호)

⑤ 7.500.000 - _____ năm trăm nghìn ^하(ngàn ^호)

3 다음 숫자를 베트남어로 써 보세요.

① 1 – _____

② 15 – _____

③ 321 – _____

④ 62.500 – _____

⑤ 80.000.000 – _____

Bài 12

이건 뭐예요?
Cái này là cái gì?

회화 익히기 1

TRACK_79

학습 목표 ★ 종별사의 쓰임과 지시형용사를 학습합니다.

Inho
Cái này là cái gì?
이건 뭐야?

Mai
Cái này là cái quạt.
이건 부채야.

Inho
Còn cái kia là gì?
그럼 저건 뭐야?

Mai
Cái kia là cái nón lá truyền thống của Việt Nam.
저건 베트남의 전통 삿갓이야.

Inho
Hai cái đều đẹp quá!
두 개 다 너무 예쁘다!

새 단어 **cái** 까이 ~것, ~개(사물 종별사) ǀ **này** 나이 이~(지시형용사) ǀ **quạt** 꾸앋 ⓗ (꾸앋 ⓢ) 부채, 선풍기 ǀ
nón lá 넌 라 ⓗ (넝 라 ⓢ) 삿갓 ǀ **truyền thống** 쭈이엔 톰 ⓗ (쭈잉 톰 ⓢ) 전통, 전통적인

QR로 보는 베트남 문화

동호 그림

동호화는 목판화 형식으로 나무틀에 그림을 조각해 지어이 디엡(giấy điệp)이라 불리는 베트남 전통지에 찍어내어
만듭니다. 색마다 각기 다른 천연 재료로 염료를 만들어 목판화임에도 불구하고 다채롭고 선명한 색상을 구현해 낸 것이
특징입니다. 그림마다 베트남 사람들의 역사, 전설, 삶의 모습 그리고 풍경과 사물 등의 다양한 주제를 담고 있습니다.

문화 12

cái ~것(사물 종별사)

종별사 cái는 사물을 가리킬 때에 쓰는 가장 보편적인 종별사입니다. '~것'이라는 명사를 가리키는 역할로 사용하거나 혹은 '~개' 등 개수를 나타낼 때에도 쓰입니다.

한편, 종별사는 세 가지 쓰임이 있습니다.

1. 명사 앞에 붙어서 명사의 종류 구별 (생략 가능)
2. 개, 마리, 대 등 개수를 나타내는 단위 명사
3. ~한 것, ~한 열매, ~한 동물 등 다양한 명사를 가리키는 관사

예 **cái cốc** 꼽 (ly) 꼬 컵 | **cái bàn** 책상, 테이블 | **cái ghế** 의자

> ★ Tip
> 사물을 나타내는 명사 앞에 위치한 종별사 cái 는 생략이 가능합니다.

명사구 순서 ⇨

수사	종별사	명사	형용사	지시사	
một	cái	túi	đẹp	kia	
하나	개	가방	예쁜	저	⇨ 저 예쁜 가방 한 개
hai	cái	bút	màu đỏ	đó	
둘	개	펜	빨간색	그	⇨ 그 빨간색 펜 두 개

kia 저(지시형용사)

kia 등을 비롯한 지시형용사는 어떤 사물이나 위치, 사람을 가리킬 때 쓰는 형용사입니다. 반드시 명사나 종별사 뒤에 위치해야 합니다.

đây	⇨	cái này 이것
kia	⇨	cái kia 저것
đó, đấy	⇨	cái đó, cái ấy 그것

> ★ Tip
> 사물을 나타내는 종별사 cái가 있으므로 '~것'이 라는 의미만 있습니다.

예
Đây là gì?	=	Cái này là gì? 이건 뭐예요?
Kia là gì?	=	Cái kia là gì? 저건 뭐예요?
Đó là gì?	=	Cái ấy là gì? 그건 뭐예요?
Đây là ai?	=	Người này là ai? 이 사람은 누구예요?

★새단어 **cốc (ly)** 꼽 (리 ㅗ) 컵 | **bàn** 반 (방 ㅗ) 책상, 테이블 | **màu** 마우 색 | **đỏ** 더 빨간 | **bút** 붇 (북 ㅗ) 펜

학습 목표 ★ 다양한 종별사를 학습하며, 사물의 이름을 묻고 답할 수 있습니다.

Inho   Cô ơi, bức tranh này là bức tranh gì ạ?
선생님, 이 그림은 무슨 그림이에요?

Lan   À, đây gọi là tranh Đông Hồ.
아, 이건 동호 그림이라고 불러.

Inho   Còn con này gọi là gì ạ?
그런데 이 동물은 뭐라고 불러요?

Lan   Con này tiếng Việt gọi là con trâu.
이 동물은 베트남어로 con trâu(물소)라고 불러.

 bức 븍 장(종이 종별사) | **gọi** 거이 부르다, 걸다 | **con** 껀⊛ (껑⊛) 마리(동물 종별사) | **trâu** 쩌우 물소

bức 장(종이 종별사)

con : 마리 동물 종별사	chó 개 | mèo 고양이 | gà 닭 | lợn ⓗ (heo ⓗ) 돼지
quả ⓗ (trái ⓗ) : 과, 알 과일, 열매, 둥근 물체	xoài 망고 | ớt 고추 | trứng 달걀 | bóng 공
chiếc : 대, 것 탈 것, 공산품, 기계류	áo 옷 | máy tính 컴퓨터 | xích lô 시클로 | ô tô ⓗ (xe hơi ⓗ) 자동차
quyển ⓗ (cuốn ⓗ) : 권 과일, 열매, 둥근 물체	sách 책 | vở ⓗ (tập ⓗ) 공책 | từ điển 사전 | tạp chí 잡지
đôi : 쌍, 켤레 한 쌍으로 된 물건	đũa 젓가락 | giày 신발 | tất ⓗ (vớ ⓗ) 양말
tờ : 장 종이, 종이류	giấy 종이 | báo 신문 | tiền 지폐
bức : 장 네모나고 내용이 있는 종이류	ảnh ⓗ (hình ⓗ) 사진 | tranh 그림 | thư 편지
bộ : 세트, 묶음 한 벌이나 묶음	quần áo 상·하의 | bàn ghế 책상, 의자 | hồ sơ 서류

★ Tip
chiếc과 cái는 혼용
하는 경우가 많습니다.

 gọi là ~라고 부르다

동사 gọi는 '부르다, (전화를) 걸다, 주문하다'라는 의미이며, gọi 뒤에 위치한 là는 '~라고'라는 의미입니다.
사물, 동물 등의 이름을 묻고 답할 때에는 gọi là(~라고 부르다)라고 합니다.

Ⓐ Cái này gọi là gì? 이건 뭐라고 불러요?

Ⓑ Đây gọi là cái nón lá. 이건 nón lá(삿갓)이라고 불러요.

Ⓐ Con này là con gì? 이 동물은 무슨 동물이에요?

Ⓑ Con này tiếng Việt gọi là con gà. 이 동물은 베트남어로 gà(닭)이라고 불러요.

1 Cái … là … ~것은 ~이다

Cái 까이	này 나이	là 라	cái gì? 까이 지 ⓗ (이 ⓗ)	이것은 무슨 물건입니까?
	này 나이		cái áo 까이 아오	이것은 옷입니다.
	kia 끼어		cái cốc (ly) 까이 꼽 (리 ⓗ)	이것은 컵입니다.
	đó 더		cái máy tính 까이 마이 띵 ⓗ (마이 띤 ⓗ)	이것은 컴퓨터입니다.

2 … là … ~은 ~이다

Con này 껀 ⓗ (껑 ⓗ) 나이	là 라	con gì? 껀 지 ⓗ (껑 이 ⓗ)	이 동물은 무슨 동물입니까?
Con này 껀 ⓗ (껑 ⓗ) 나이		con mèo 껀 ⓗ (껑 ⓗ) 매오	이 동물은 고양이입니다.
Quả (Trái) kia 꾸아 ⓗ (짜이 ⓗ) 끼어		quả gì (trái gì)? 꾸아 지 ⓗ (짜이 이 ⓗ)	이 과일은 무슨 과일입니까?
Quả (Trái) kia 꾸아 ⓗ (짜이 ⓗ) 끼어		quả (trái) xoài 꾸아 ⓗ (짜이 ⓗ) 쏘아이	이 과일은 망고입니다.

3 tiếng Việt gọi là 베트남어로 ~라고 부르다

Con này 껀 ⓗ (껑 ⓗ) 나이	tiếng Việt gọi là 띠엥 비엔 거이 라 ⓗ (띵 빅 거이 라 ⓗ)	con gì? 껀 지 ⓗ (껑 이 ⓗ)	이 동물은 베트남어로 뭐라고 부릅니까?
Con ấy 껀 ⓗ (껑 ⓗ) 어이		con lợn (con heo) 껀 런 ⓗ (껑 해오 ⓗ)	그 동물은 베트남어로 돼지라고 부릅니다.
Quả (Trái) ấy 꾸아 ⓗ (짜이 ⓗ) 어이		quả (trái) ớt 꾸아 얻 ⓗ (짜이 억 ⓗ)	그 열매는 베트남어로 고추라고 부릅니다.
Cái này 까이 나이		quyển vở (cuốn tập) 꾸이엔 버 ⓗ (꾿 떱 ⓗ)	이것은 베트남어로 공책이라고 부릅니다.
Cái kia 까이 끼어		đôi giày 도이 지아이 ⓗ (야이 ⓗ)	저것은 베트남어로 신발이라고 부릅니다.
Cái đó 까이 더		bức ảnh (hình) 븍 아잉 ⓗ (힌 ⓗ)	그것은 베트남어로 사진이라고 부릅니다.

Bài 12 단어 정리

TRACK_82

문자	발음	의미
bàn	반⒣ (방⒪)	책상, 테이블
bức	븍	장(종이 종별사)
bút	붇⒣ (북⒪)	펜
cái	까이	개, 것(사물 종별사)
con	껀⒣ (껑⒪)	마리(동물 종별사)
cốc	꼽⒣	컵
đỏ	더	빨간
gọi	거이	부르다, 걸다
ly	리⒪	컵
màu	마우	색
này	나이	이~(지시형용사)
nón lá	넌 라⒣ (넝 라⒪)	삿갓
quạt	꾸앋⒣ (꾸악⒪)	부채, 선풍기
trâu	쩌우	물소
truyền thống	쭈이엔 톰⒣ (쭈잉 톰⒪)	전통, 전통적인

1 녹음을 잘 듣고 빈칸에 들어갈 알맞은 단어를 쓰세요.

TRACK_83

1 컵 _____   2 삿갓 _____

3 저것 _____   4 마리 _____

5 빨간 _____   6 전통(적인) _____

7 부채 _____   8 그것 _____

2 녹음을 잘 듣고 아래의 내용이 맞으면 O, 틀리면 X 표시하세요.

TRACK_84

1 남자는 흰색 옷을 가리키고 있습니다.   ☐

2 옷은 의자 위에 있습니다.   ☐

3 옷은 여자의 것입니다.   ☐

3 빈칸에 알맞은 종별사를 쓰세요.

1 _____ mèo   2 _____ tất ⓗ (vớ ⓝ)   3 _____ báo   4 _____ sách

4 다음 단어들을 조합하여 올바른 순서대로 나열하세요.

① này / quả ^해(trái ^오) / hai / ngon / táo

_____ _____

② màu trắng / một / áo / đó /chiếc

_____

③ ba / sách / kia / tiếng Việt / quyển ^해(cuốn ^오)

_____

5 그림을 보고 대화를 완성해 보세요.

①

Ⓐ ⬚⬚⬚⬚⬚⬚⬚⬚⬚⬚⬚⬚⬚⬚⬚⬚⬚⬚ ?

Ⓑ Cái này tiếng Việt gọi là máy tính xách tay.

②

Ⓐ ⬚⬚⬚⬚⬚⬚⬚⬚⬚⬚⬚⬚⬚⬚⬚⬚ ?

Ⓑ Hai cái đó đều là của em.

> ★새단어
> **trắng** 하얀
> **máy tính xách tay** 노트북

가족이 몇 명 있니?
Gia đình cháu có mấy người?

 회화 익히기1

TRACK_85

학습 목표 ★ 명사 유무를 묻고 답하는 có … không의 용법과 남녀 호칭을 학습합니다.

Inho **Cậu có anh chị em không?**
너는 형제자매가 있니?

Mai **Có, tớ có một anh trai và một chị gái.**
응, 나는 오빠 한 명과 언니 한 명이 있어.

Tớ là con út. Còn cậu?
나는 막내야. 너는?

Inho **Tớ không có anh chị em.**
나는 형제자매가 없어.

Tớ là con một.
나는 외동이야.

 새 단어 **anh chị em** 아잉 찌 앰 ⓗ (안 찌 앰 ⓝ) 형제자매 ǀ **anh trai** 아잉 짜이 ⓗ (안 짜이 ⓝ) 친오빠, 친형 ǀ
chị gái 찌 가이 친언니, 친누나 ǀ **con út** 껀 웃 ⓗ (껑 욱 ⓝ) 막내아이 ǀ **con một** 껀 몯 ⓗ (껑 목 ⓝ) 외동아이

 QR로 보는 베트남 문화

베트남의 이색적인 결혼식
베트남에서는 주말이 되면 주거 지역의 골목 곳곳에서 화려한 천막을 쳐 놓고 사람들이 춤과 노래를 즐기는 모습을 많이
볼 수 있는데, 이것이 바로 결혼식입니다. 또한 베트남 사람들은 붉은 색이 행운을 가져다준다고 믿어 청첩장과 구혼식
날 신부가 입는 아오자이가 모두 붉은색입니다.

 문화 13

문법 익히기1

có ··· không ~가 있다

có ··· không은 '~가 있다', '~을 가지고 있다'라는 의미로 có는 명사 앞에 위치하며 생략할 수 없습니다.

의문문	주어 + có + 명사 + không?	~은(는) 명사가 있습니까?
긍정문	Có. 주어 + có + 명사.	네. ~은(는) 명사가 있습니다.
부정문	Không (có). 주어 + không có + 명사.	아니요. ~은(는) 명사가 없습니다.

Ⓐ Các bạn có em trai không? 너희들은 남동생이 있니?

Ⓑ Có. Mình có một em trai. 응. 나는 남동생이 한 명 있어.

Ⓒ Không. Mình không có em trai. 아니. 나는 남동생이 없어.
  Tớ là con trai một. 나는 외동아들이야.

★ Tip
con cả 맏이
con út 막내
con một 외동
con gái một 외동딸

trai 남 / gái 여

일반적으로 인칭대명사 뒤에 오는 남자는 trai, 여자는 gái를 붙이며, 직업이나 신분을 나타낼 때에는 남자는 nam, 여자는 nữ를 붙입니다.

인칭대명사 + **trai** (남)	
anh trai	친형, 친오빠
bạn trai	남자 친구
em trai	남동생
con trai	아들
cháu trai	손자, 남조카

인칭대명사 + **gái** (여)	
chị gái	친누나, 친언니
bạn gái	여자 친구
em gái	여동생
con gái	딸
cháu gái	손녀, 여조카

★ Tip
anh trai와 chị gái 는 일반적으로 가족, 친척 내의 형(오빠), 누나 (언니)를 가리킬 때 사용합니다.

직업·신분 + **nam** (남)	
học sinh nam	남학생
sinh viên nam	남대생
nhân viên nam	남자 직원
diễn viên nam	남자 배우

직업·신분 + **nữ** (여)	
học sinh nữ	여학생
sinh viên nữ	여대생
nhân viên nữ	여자 직원
diễn viên nữ	여자 배우

TRACK_86

학습 목표 ★ 수량과 개수를 묻고 답할 수 있습니다.

Hồng　　Gia đình cháu có **mấy** người?
너의 가족은 몇 명 있니?

Jia　　Gia đình cháu có năm người ạ.
제 가족은 다섯 명입니다.

Còn gia đình sếp có mấy người ạ?
그런데 사장님 가족은 몇 명 있으세요?

Hồng　　Gia đình bác đông lắm. Tất cả có 8 người.
우리 가족은 사람이 아주 많아. 전부 8명이야.

Jia　　Nhiều **thế (vậy)** ạ!
엄청 많네요!

 đông 돔 사람이 많은, 붐비는 | **tất cả** 떧 까 ⓗ (떡 까 ⓞ) 전부, 모두 | **형용사 + thế (vậy)** 테 ⓗ (버이 ⓞ)
아주 ~하네, ~하겠네

문법익히기2

 mấy 몇

'몇'이라는 의미의 수량의문사에는 mấy와 bao nhiêu가 있습니다. 숫자 10을 기준으로 10 이하의 수는 mấy를, 10 이상의 수는 bao nhiêu를 사용합니다. 한편 수량, 개수를 묻고 답할 때에는 다음과 같습니다.

질문	주어	có	mấy bao nhiêu 수량의문사	종별사	명사?
대답	주어	có	숫자	종별사	명사.

★ Tip
대답을 할 때에는 수량의문사(mấy/bao nhiêu) 자리만 숫자로 바꾸어 주면 됩니다.

(A) Bạn có mấy quyển (cuốn) sách tiếng Việt? 너는 베트남어 책이 몇 권 있어?

(B) Mình có hai quyển (cuốn). 나는 두 권 있어.

....

(A) Trong lớp có bao nhiêu cái ghế? 교실 안에 의자가 몇 개 있습니까?

(B) Có khoảng 30 cái. 약 30개 있습니다.

 thế (vậy) 아주 ~하네

형용사 뒤에 thế (vậy)가 붙으면 '아주 ~하네, ~하겠네'라는 감탄문이 됩니다.

(예) Ngon thế (vậy)! 맛있겠다!

Nhanh thế (vậy)! 엄청 빠르네!

★새단어 **khoảng** 코앙 약, 대략

1 có ··· không? ~가 있니?

Bạn 반 ⓗ (방 ⓗ)		áo mưa 아오 므어		당신은 우비가 있어요?
Em 앰	**có** 꺼	bạn trai 반 짜이 ⓗ (방 짜이 ⓗ)	**không?** 콤	당신은 남자 친구가 있어요?
Ở khách sạn 어 카익 싼 ⓗ (어 칻 쌍 ⓗ)		wi-fi 와이파이		호텔에 와이파이가 있나요?
Gần đây 건 더이 ⓗ (겅 더이 ⓗ)		máy rút tiền 마이 줃 띠엔 ⓗ (마이 룩 띵 ⓗ)		근처에 현금인출기가 있나요?

2 Không có. ··· không có ··· 아니다. ~은(는) ~가 없다

	Mình 밍 ⓗ (민 ⓗ)		áo mưa 아오 므어	아니요. 저는 우비가 없어요.
Không có. 콤 꺼	Em 앰	**không có** 콤 꺼	bạn trai 반 짜이 ⓗ (방 짜이 ⓗ)	아니요. 저는 남자 친구가 없어요.
	Ở khách sạn 어 카익 싼 ⓗ (어 칻 쌍 ⓗ)		wi-fi 와이파이	아니요. 호텔에 와이파이가 없어요.
	Gần đây 건 더이 ⓗ (겅 더이 ⓗ)		máy rút tiền 마이 줃 띠엔 ⓗ (마이 룩 띵 ⓗ)	아니요. 근처에 현금인출기가 없어요.

3 có mấy / bao nhiêu 몇 ~ 있니?

Gia đình bạn 지아 딩 반 ⓗ (야 딘 방 ⓗ)	**có mấy** 꺼 머이	người? 응으어이 ⓗ (응으이 ⓗ)	너의 가족은 몇 명 있니?
Chị 찌		cái thẻ? 까이 태	당신은 카드가 몇 개 있어요?
Nhà anh 냐 아잉 ⓗ (안 ⓗ)	**có bao nhiêu** 꺼 바오 니에우 ⓗ (니우 ⓗ)	con bò? 껀 ⓗ (껑 ⓗ) 버	당신 집에는 소가 몇 마리 있어요?
Ở bãi đỗ xe 어 바이 도 쌔		chiếc ô tô (chiếc xe hơi)? 찌엑 오 또 ⓗ (찍 쌔 허이 ⓗ)	주차장에 자동차가 몇 대 있어요?

★ 새단어 **áo mưa** 아오 므어 우비 | **khách sạn** 카익 싼 ⓗ (칻 쌍 ⓗ) 호텔 | **wi-fi** 와이파이 와이파이 |
máy rút tiền 마이 줃 띠엔 ⓗ (마이 룩 띵 ⓗ) 현금인출기, ATM기 | **thẻ** 태 카드 | **bò** 버 소 |
bãi đỗ xe 바이 도 쌔 주차장

Bài 13 단어정리

TRACK_88

문자	발음	의미
anh chị em	아잉 찌 앰 ⓗ (안 찌 앰 ⓗ)	형제자매
anh trai	아잉 짜이 ⓗ (안 짜이 ⓗ)	친형, 친오빠
áo mưa	아오 므어	우비
bãi đỗ xe	바이 도 쌔	주차장
bò	버	소
con một	껀 몯 ⓗ (껑 목 ⓗ)	외동아이
con út	껀 욷 ⓗ (껑 욱 ⓗ)	막내아이
chị gái	찌 가이	친언니, 친누나
đông	돔	사람이 많은, 붐비는
khách sạn	카익 싼 ⓗ (칻 싼 ⓗ)	호텔
khoảng	코앙	약 , 대략
máy rút tiền	마이 줃 띠엔 ⓗ (마이 룩 띵 ⓗ)	현금인출기, ATM기
tất cả	떧 까 ⓗ (떡 까 ⓗ)	전부, 모든
thẻ	태	카드
형용사 + thế	테 ⓗ	아주 ~하네, ~하겠네
형용사 + vậy	버이 ⓗ	아주 ~하네, ~하겠네

1 녹음을 잘 듣고 빈칸에 들어갈 알맞은 단어를 쓰세요.

TRACK_89

① 주차장 _____ ② 호텔 _____

③ 얼마나 많은, 몇 _____ ④ 카드 _____

⑤ 우비 _____ ⑥ 현금인출기 _____

⑦ 전부, 모든 _____ ⑧ 소 _____

2 질문을 잘 듣고 자유롭게 대답해 보세요.

TRACK_90

① _____

② _____

③ _____

3 녹음을 잘 듣고 아래의 내용이 맞으면 O, 틀리면 X 표시하세요.

TRACK_91

① 여자는 개를 키웁니다. ☐

② 여자가 키우는 동물은 각각 검정색과 노란색입니다. ☐

③ 남자는 고양이를 싫어합니다. ☐

4 그림을 보고 질문에 대한 올바른 대답을 쓰세요.

① Trong phòng có quạt không?

_____ .

② Máy tính xách tay ở đâu?

_____ .

③ Trên bàn có mấy quyển ⁽ᵸ⁾ (cuốn ⁽ᵒ⁾) sách?

_____ .

④ Trong phòng có đèn không?

_____ .

5 그림을 보고 대화를 완성해 보세요.

①
Ⓐ  ?

Ⓑ Trong thùng này có 12 quả ⁽ᵸ⁾ (trái ⁽ᵒ⁾) cam.

②
Ⓐ _____ ?

Ⓑ Có. Có việc gì Mai?

★ 새단어

đèn 호롱, 전등 ㅣ **thùng** 박스, 통 ㅣ **cam** 오렌지

올해 몇 살이니?
Năm nay các em bao nhiêu tuổi?

 회화 **익히기1**

TRACK_92

학습 목표 ★ 나이를 묻고 답할 수 있습니다.

Minh　　**Năm nay các em bao nhiêu tuổi rồi?**
　　　　올해 너희들은 몇 살 됐니?

Mai　　**Em 20 tuổi ạ.**
　　　　저는 20살입니다.

Inho　　**Em cũng thế (vậy) ạ.**
　　　　저도 그렇습니다.

　　　　Em bằng tuổi Mai.
　　　　저는 마이와 동갑입니다.

 năm nay 남 나이 올해 | **tuổi** 뚜오이 ⓗ (뚜이 ⓗ) 나이 | **thế (vậy)** 테 ⓗ (버이 ⓗ) 그러한 | **bằng tuổi**
방 뚜오이 ⓗ (방 뚜이 ⓗ) 동갑의

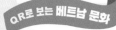

베트남의 추석

베트남도 음력 8월 15일은 우리와 같은 추석 명절이며, 뗏 쯤 투(Tết Trung Thu)라고 부릅니다. 베트남에서는 설 연휴가 긴 대신 추석은 공휴일이 아닙니다. 요즘에 와서는 추석이 어린이들을 위한 날이 되었으며, 이날 어린이들은 초롱, 가면, 물총 등 갖가지 장난감과 사탕, 과자 등의 맛있는 간식거리를 선물로 받습니다.

문화 14

bao nhiêu tuổi rồi? 몇 살 됐니?

나이를 물을 때에는 상대방의 연령에 따라 수량의문사를 구분하여 사용합니다. 10세 이하의 어린이에게는 **mấy tuổi**를, 10세 이상에게는 **bao nhiêu tuổi**를 사용합니다. 한편 '올해'라는 의미의 **năm nay**와 '되었다'라는 의미의 **rồi**는 생략해도 무방합니다.

질문	(Năm nay) + 주어 + 수량의문사 + tuổi + (rồi)?	올해 ~은(는) 몇 살 됐습니까?
대답	(Năm nay) + 주어 + 숫자 + tuổi + (rồi).	올해 ~은(는) ~살 되었습니다.

Ⓐ **Cháu mấy tuổi rồi?** 너는 올해 몇 살 됐니?

Ⓑ **Năm nay cháu 6 tuổi rồi ạ.** 올해 저는 6살 됐어요.

Em cũng thế (vậy) 저도 그렇습니다

주어 + **cũng thế (vậy)**는 '주어도 그래요, 주어도 마찬가지예요'라는 의미로 상대방의 말에 동의하거나 대상의 상태, 행동이 같음을 표현할 때 사용합니다.

Ⓐ **Tớ đói bụng quá!** 나 너무 배가 고파.

Ⓑ **Tớ cũng thế** ^해 **(vậy** ^호**).** 나도 그래.

Ⓐ **Quả** ^해 **(Trái** ^호**) dừa này tươi lắm!** 이 코코넛은 아주 신선해!

Ⓑ **Quả dứa** ^해 **(Trái thơm** ^호**) này cũng thế** ^해 **(vậy** ^호**).** 이 파인애플도 그래.

★새단어 đói bụng 더이 붐 배고픈 | dừa 즈어 ^해 (이으어 ^호) 코코넛 | tươi 뜨어이 ^해 (뜨이 ^호) 신선한 | dứa (thơm) 즈어 ^해 (텀 ^호) 파인애플

회화 익히기 2

TRACK_93

학습 목표 ★ 생년과 띠를 묻고 답할 수 있습니다.

Hồng
Cháu sinh năm bao nhiêu?
너는 몇 년생이니?

Jia
Dạ, cháu sinh năm 87 ạ.
저는 87년생입니다.

Hồng
Thế (Vậy) cháu tuổi gì?
그러면 너는 무슨 띠니?

Jia
Ở Hàn Quốc, cháu tuổi con thỏ.
한국에서 저는 토끼띠입니다.

Nhưng ở Việt Nam, cháu tuổi con mèo ạ.
하지만 베트남에서는 고양이띠입니다.

 sinh năm 씽 남 (해) (씬 남 (호)) 생년 | **thỏ** 터 토끼

문법 익히기 2

sinh năm bao nhiêu? 몇 년생이니?

상대방에게 생년을 물어볼 때에는 sinh năm bao nhiêu? 또는 sinh năm mấy?라고 합니다.

질문	주어 + sinh năm + 수량의문사(bao nhiêu / mấy)?
대답	주어 + sinh năm + 숫자.

Ⓐ **Em sinh năm bao nhiêu?** 당신은 몇 년생이에요?

Ⓑ **Dạ, em sinh năm 2002. Còn anh sinh năm mấy ạ?** 저는 2002년생이에요.
당신은 몇 년생이에요?

Ⓐ **Anh sinh năm 95.** 저는 95년생이에요.

tuổi ~띠

tuổi는 '~살(세)'이라는 의미의 나이를 세는 단위로 쓰일 뿐 아니라 본문에서처럼 '~띠'라는 의미로도 쓰입니다.
한편 동물 종별사 con은 생략해도 무방합니다.

질문	주어 + tuổi (con) gì?
대답	주어 + tuổi (con) + 동물.

★ Tip

한국		베트남
소	⇨	물소
토끼	⇨	고양이
양	⇨	염소

Ⓐ **Chị tuổi gì ạ?** 당신은 무슨 띠예요?

Ⓑ **Ở Hàn Quốc, chị tuổi con bò.** 한국에서 저는 소띠예요.
Nhưng ở đây, chị tuổi trâu. 하지만 여기서는 물소띠예요.

한국과 베트남의 12지신은 아래와 같이 약간의 차이가 있습니다.

chuột	bò → trâu	hổ	thỏ → mèo	rồng	rắn
쥐	소 → 물소	호랑이	토끼 → 고양이	용	뱀

ngựa	cừu → dê	khỉ	gà	chó	lợn⁽ʰ⁾ (heo⁽ᵗ⁾)
말	양 → 염소	원숭이	닭	개	돼지

★새단어 **nhưng** 니응 하지만

패턴 익히기

TRACK_94

1 tuổi 살, 세

Cháu 짜우	mấy 머이		?	너는 몇 살이니?
Cháu 짜우	7 바이		.	저는 7살이에요.
Cháu 짜우	11 므어이 몯 ⓗ (므이 묵 ⓞ)	**tuổi** 뚜오이 ⓗ (뚜이 ⓞ)	.	저는 11살이에요.
Ông 옴	bao nhiêu 바오 니에우 ⓗ (바오 니우 ⓞ)		?	할아버지는 연세가 어떻게 되세요?
Ông 옴	72 바이 므어이 하이 ⓗ (바이 므이 하이 ⓞ)		.	할아버지는 72살이야.

2 sinh năm ··· ~년생

Các anh 깍 아잉 ⓗ (깍 안 ⓞ)		mấy? 머이	형들은 몇 년생이에요?
Tôi 또이		82 땀 므어이 하이 ⓗ (땀 므이 하이 ⓞ)	나는 82년생이야.
Tôi 또이	**sinh năm** 씽 남 ⓗ (씬 남 ⓞ)	88 땀 므어이 땀 ⓗ (땀 므이 땀 ⓞ)	나는 88년생이야.
Em 앰		bao nhiêu? 바오 니에우 ⓗ (바오 니우 ⓞ)	너는 몇 년생이니?
Em 앰		97 ạ 찐 므어이 바이 아 ⓗ (찡 므이 바이 아 ⓞ)	저는 97년생입니다.

3 tuổi con ··· ~띠

Các chị 깍 찌		gì? 지 ⓗ (이 ⓞ)	여러분은 무슨 띠예요?
Bọn chị 번 찌 ⓗ (벙 찌 ⓞ)		khỉ 키	저희는 원숭이띠예요.
Các em 깍 앰	**tuổi con** 뚜오이 껀 ⓗ (뚜이 껑 ⓞ)	gì? 지 ⓗ (이 ⓞ)	너희들은 무슨 띠니?
Em 앰		ngựa 응으어	저는 말띠예요.
Em 앰		rồng 좀 ⓗ (롬 ⓞ)	저는 용띠예요.

Bài 14 단어 정리

TRACK_95

문자	발음	의미
bằng tuổi	방 뚜오이 ⓗ (방 뚜이 ⓞ)	동갑의
dừa	즈어 ⓗ (이으어 ⓞ)	코코넛
dứa	즈어 ⓗ	파인애플
đói bụng	더이 붐	배고픈
năm nay	남 나이	올해
nhưng	니응	하지만
sinh năm	씽 남 ⓗ (씬 남 ⓞ)	생년
tuổi	뚜오이 ⓗ (뚜이 ⓞ)	나이
tươi	뜨어이 ⓗ (뜨이 ⓞ)	신선한
thế	테 ⓗ	그러한
thỏ	터	토끼
thơm	텀 ⓞ	파인애플
vậy	버이 ⓞ	그러한

연습 문제

1 녹음을 잘 듣고 각각의 인물에 해당하는 띠를 연결해 보세요.

TRACK_96

① Hoàng 호앙   ⓐ

② Mai 마이   ⓑ

③ Tuấn 뚜언   ⓒ

2 질문을 잘 듣고 자유롭게 대답해 보세요.

TRACK_97

① _____

② _____

③ _____

3 녹음을 잘 듣고 아래의 내용이 맞으면 O, 틀리면 X 표시하세요.

TRACK_98

① 남자와 타이는 동갑입니다.   ☐

② 남자는 98년생입니다.   ☐

③ 타이는 91년생입니다.   ☐

4 다음 단어들을 조합하여 올바른 순서대로 나열하세요.

Ⓐ bao nhiêu / các em / tuổi

_____ ?

Ⓑ 21 / rồi / tuổi / ạ / em

_____ .

Ⓒ cũng / em / thế (vậy)

_____ .

Ⓑ bằng tuổi / chúng em / nhau

_____ .

5 그림을 보고 대화를 완성해 보세요.

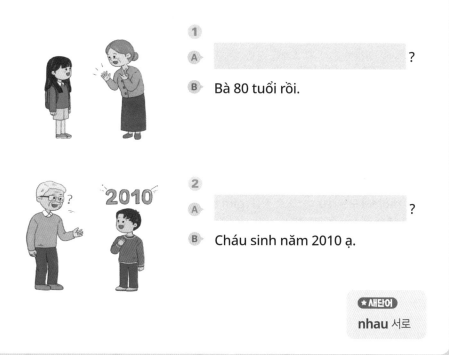

①
Ⓐ _____ ?

Ⓑ Bà 80 tuổi rồi.

②
Ⓐ _____ ?

Ⓑ Cháu sinh năm 2010 ạ.

★새단어

nhau 서로

소개하겠습니다.
Xin giới thiệu.

TRACK_99

학습 목표 ★ 자기 자신을 다른 사람에게 소개할 수 있습니다.

Xin chào mọi người! Tôi xin tự giới thiệu. Tôi tên là Jia, người Hàn Quốc.
Tôi sinh năm 87, tuổi con mèo. Năm nay tôi 33 tuổi rồi.
Trong gia đình tôi có năm người. Đó là bố (ba), mẹ (má), một anh trai, một
em gái và tôi.
Ở nhà tôi có một con mèo và một con chó.
Tôi là nhân viên văn phòng và đến thành phố Hồ Chí Minh để làm việc.
Công ty tôi nằm ở trên đường Lý Thái Tổ.
Sở thích của tôi là đi du lịch. Tôi rất thích đi du lịch nhiều thành phố Việt Nam.
Rất vui được gặp mọi người. Xin cảm ơn!

여러분 안녕하세요! 제 소개를 하겠습니다. 제 이름은 지아이고 한국인입니다.
저는 87년생, 고양이띠입니다. 올해 33살이 되었습니다.
우리 가족은 5명 있습니다. 아버지, 어머니, 오빠 한 명, 여동생 한 명 그리고 저입니다.
저희 집에는 고양이 한 마리와 개 한 마리가 있습니다.
저는 회사원이고 호치민시에 일하러 왔습니다.
제 회사는 Lý Thái Tổ 길에 위치해 있습니다.
저의 취미는 여행을 가는 것입니다. 저는 베트남의 많은 도시들을 여행하는 것을 아주 좋아
합니다.
여러분을 만나게 되어서 아주 반갑습니다. 감사합니다!

 mọi 머이 모든 | **tự** 뜨 스스로, 직접 | **giới thiệu** 지어이 티에우 ⑱ (여이 티우 ⑲) 소개하다 |
nằm ở 남 어 ~에 위치하다

QR로 보는 베트남 문화

베트남의 도로명

베트남은 모든 거리마다 이름이 있습니다. 베트남의 거리 이름은 특히 역사 속 위인의 이름으로 작명된 곳이 많은데, 그 예로 포 판 보이 쩌우(phố Phan Bội Châu), 포 응우이엔 주(phố Nguyễn Du), 드엉 하이 바 쯩(đường Hai Bà Trưng) 등을 들 수 있습니다. 보통 역사적으로 중요한 위인의 이름일수록 큰 도로에 붙여집니다.

문화 15

 mọi, nhiều 수사 겸 형용사

'모든'이라는 의미의 mọi와 '많이'라는 의미의 nhiều는 형용사인 동시에 개수, 수량을 나타내는 수사이기도 합니다.

• mọi는 항상 명사 앞에 위치합니다.

> 예 Ở đây, mọi người đều hiểu tiếng Việt. 여기에서는 모든 사람들이 전부 베트남어를 이해합니다.
>
> Tất cả mọi việc đều tốt đẹp. 모든 일이 전부 순탄합니다.
>
> ★ Tip tất cả mọi + 명사 + đều ⇒ mọi는 모든 명사들의 전부를 강조할 때 사용하기도 합니다.

• nhiều는 꾸미려는 단어에 따라 위치가 달라집니다. '많은 명사들'이라는 의미로 명사의 수량을 말할 때에는 'nhiều + 명사'의 형태로, '많이 ~하다'라는 의미로 서술어의 정도를 말할 때에는 '서술어 + nhiều' 형태로 쓰입니다.

> 예 Cảm ơn nhiều. 많이 감사합니다.
>
> Ở nhà hàng này có rất nhiều món ăn ngon. 이 식당에는 아주 많은 맛있는 음식이 있습니다.

 xin (tự) giới thiệu 소개하겠습니다

누군가를 소개할 때에는 xin giới thiệu(소개하겠습니다)라고 말합니다. 자기 자신을 다른 사람에게 소개할 때에는 tự(스스로, 직접)를 넣어 xin tự giới thiệu(스스로를/자신을 소개하겠습니다)라고 말합니다. 반면 상대 방에게 누군가를 소개할 때에는 với(~와)를 넣어 xin giới thiệu với(~에게 ~를 소개하겠습니다)라고 말합니다.

> 예 Tôi xin tự giới thiệu với mọi người. 여러분들께 제 소개를 하겠습니다.
>
> Xin giới thiệu Inho với các bạn. 여러분들께 인호를 소개하겠습니다.

★새단어 **tốt đẹp** 똗 댑⑲ (똑 댑⑲) 순탄한, 좋은 ┃ **nhà hàng** 냐 항 식당, 레스토랑 ┃ **món ăn** 먼 안⑲ (멍 앙⑲) 음식

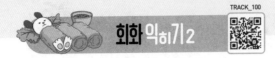

TRACK_100

학습 목표 ★ 과거 완료 시제를 학습하며, 주소를 묻고 답할 수 있습니다.

Xin chào các bạn! Tên mình là Mai.

Mình xin giới thiệu trường cũ của mình với các bạn.

Mình đã học ở một trường Trung học Phổ thông, tên là Trường Quốc Học.

Địa chỉ ở số 12, đường Lê Lợi, thành phố Huế.

Trường Quốc Học rất nổi tiếng ở Việt Nam.

Vì kiến trúc rất đẹp và có lịch sử rất dài, hơn 120 năm.

Ở đây, cũng có rất nhiều giáo viên xuất sắc. Và tất cả mọi học sinh đều học chăm chỉ.

Trước đây, Bác Hồ cũng học ở đây. Mình rất vui được giới thiệu trường mình.

친구들아, 안녕! 내 이름은 마이야.
너희들에게 내 모교를 소개할게.
나는 꾸옥 헙(Quốc Học)이라는 이름의 한 고등학교에서 공부했어.
주소는 후에시의 레 러이(Lê Lợi)길 12번지야.
꾸옥 헙 학교는 베트남에서 아주 유명해.
왜냐하면 건축이 아주 아름답고, 120년 이상의 아주 긴 역사가 있기 때문이야.
이곳에는 훌륭한 선생님들도 아주 많이 있어. 그리고 모든 학생들이 전부 열심히 공부해.
예전에는 호치민 주석도 이곳에서 공부했어. 우리 학교를 소개하게 되어서 아주 기뻐.

 cũ 꾸 예전의, 낡은, 오래된 ㅣ **đã** 다 ~했다, 이미 ㅣ **Trung học Phổ thông** 쭘 헙 포 통 고등학교 ㅣ **địa chỉ** 디어 찌 주소 ㅣ **nổi tiếng** 노이 띠엥 ⓗ (노이 띵 ⓝ) 유명한 ㅣ **kiến trúc** 끼엔 쭙 ⓗ (낑 쭙 ⓝ) 건축하다 ㅣ **dài** 자이 ⓗ (야이 ⓝ) 긴 ㅣ **hơn** 헌 ⓗ (헝 ⓝ) ~이상의, ~보다, 더 ㅣ **xuất sắc** 쑤얼 싹 ⓗ (쑥 싹 ⓝ) 뛰어난, 출중한 ㅣ **Bác Hồ** 박 호 호치민 주석

đã ··· (rồi) ~했다

주어 + đã + 동사 + rồi는 '주어는 이미 ~했다'라는 의미의 과거 완료 문장으로 đã와 rồi 중 하나를 생략해도 무방합니다.

예 **Chị đã ăn cơm rồi.** 나는 이미 밥을 먹었다.

Anh ấy đã đến Việt Nam rồi. 그는 이미 베트남에 왔다.

Tôi đã học tiếng Việt một năm rồi. 나는 베트남어를 공부한 지 1년 됐다.

★ **Tip**
năm + 숫자 : 시점, 연도
숫자 + năm : 기간, 햇수

 địa chỉ ở ··· 주소를 묻고 답하는 표현

địa chỉ ở ···는 주소를 묻고 답할 때 쓰는 표현입니다. 질문할 때에는 địa chỉ 뒤에 '어디에'라는 의미의 ở đâu' 나 '무엇'이라는 의미의 là gì를 넣어 말할 수 있습니다.

질문	Địa chỉ ở đâu? / Địa chỉ là gì?	주소가 어디입니까? / 주소가 무엇입니까?
대답	Địa chỉ ở ~. / Địa chỉ là ~.	주소는 ~에 있습니다. / 주소는 ~입니다.

Ⓐ **Địa chỉ nhà bạn ở đâu?** 너희 집 주소는 어디야?

Ⓑ **Địa chỉ nhà tớ là số 28, đường Láng Hạ** 우리 집 주소는 랑 하(Láng Hạ) 길 28번지야.

TRACK_101

1 Xin (tự) giới thiệu 소개하겠습니다

Xin 씬 (하) (씽 (호))		giới thiệu 지어이 티에우 (하) (여이 티우 (호))	với các bạn 버이 깍 반 (하) (버이 깍 방 (호))	여러분께 소개하겠습니다.
			Inho với các bạn 인호 버이 깍 반 (하) (인호 버이 깍 방 (호))	여러분께 인호를 소개하겠습니다.
	tự 뜨			제 소개를 하겠습니다.
	tự 뜨		với các bạn 버이 깍 반 (하) (버이 깍 방 (호))	여러분께 제 소개를 하겠습니다.

2 Mọi 다들, 모두

Mọi 머이	người đều đồng ý 응으어이 (하) (응이 (호)) 데우 돔 이	다들 동의합니다.
	người đều không có ở nhà 응으어이 (하) (응이 (호)) 데우 콤 꺼 어 냐	다들 집에 없습니다.
	học sinh đều ở sân vận động 헙 씽 데우 어 썬 번 돔 (하) (헙 씬 데우 어 썽 벙 돔 (호))	모든 학생들이 전부 운동장에 있습니다.
	thứ đều đắt (mắc) 트 데우 닫 (하) (막 (호))	모든 것들이 전부 비쌉니다.

3 đã ··· rồi ~했습니다

Tôi 또이		đã 다	hiểu 히에우 (하) (히우 (호))	rồi 조이 (하) (로이 (호))	저는 이해했습니다.
Anh ấy 아잉 (하) (안 (호)) 어이			thôi việc 토이 비엑 (하) (빅 (호))		그는 일을 그만두었습니다.
Thịt 틷 (하) (틱 (호))			chín 찐 (하) (찡 (호))		고기가 다 익었습니다.
Công việc 꼼 비엑 (하) (빅 (호))			hoàn thành 호안 타잉 (하) (호앙 탄 (호))		업무가 끝났습니다.

★ 새단어 đồng ý 돔 이 동의하다 I sân vận động 썬 번 돔 (하) (썽 벙 돔 (호)) 운동장 I thứ 트 ~것, 물건 I
đắt (mắc) 닫 (하) (막 (호)) 비싼 I thôi 토이 그만두다, 중단하다

Bài 15 단어 정리

TRACK_102

문자	발음	의미
Bác Hồ	박 호	호치민 주석
cũ	꾸	예전의, 낡은, 오래된
dài	자이 ⓗ (야이 ⓞ)	긴
đã	다	~했다, 이미
đắt	닫 ⓗ	비싼
địa chỉ	디어 찌	주소
đồng ý	돔 이	동의하다
giới thiệu	지어이 티에우 ⓗ (여이 티우 ⓞ)	소개하다
hơn	헌 ⓗ (헝 ⓞ)	~이상의, ~보다, 더
kiến trúc	끼엔 쭙 ⓗ (낑 쭙 ⓞ)	건축하다
mắc	막 ⓞ	비싼
mọi	머이	모든
món ăn	먼 안 ⓗ (멍 앙 ⓞ)	음식
nằm ở	남 어	~에 위치하다
nổi tiếng	노이 띠엥 ⓗ (노이 띵 ⓞ)	유명한
nhà hàng	냐 항	식당, 레스토랑
sân vận động	썬 번 돔 ⓗ (썽 벙 돔 ⓞ)	운동장
tốt đẹp	똗 댑 ⓗ (똑 댑 ⓞ)	순탄한, 좋은
tự	뜨	스스로, 직접
thôi	토이	그만하다, 중단하다
thứ	트	~것, 물건
Trung học Phổ thông	쭘 헙 포 톰	고등학교
xuất sắc	쑤얻 싹 ⓗ (쑥 싹 ⓞ)	뛰어난, 출중한

1 녹음을 잘 듣고 빈칸에 들어갈 알맞은 단어를 쓰세요.

TRACK_103

① ~에 위치하다 _____ ② 식당 _____

③ 음식 _____ ④ 운동장 _____

⑤ 비싼 _____ ⑥ 주소 _____

⑦ 낡은, 오래된 _____ ⑧ 유명한 _____

2 녹음을 잘 듣고 어울리는 문장끼리 연결하세요.

TRACK_104

①   ⓐ Công ty em nằm ở số 93, đường Lê Duẩn.

②   ⓑ Xin giới thiệu với chị. Đây là nhân viên mới.

③   ⓒ Anh ấy đã về nhà rồi.

④   ⓓ Ông ấy đã nhiều tuổi rồi.

3 녹음을 잘 듣고 아래의 내용이 맞으면 O, 틀리면 X 표시하세요.

TRACK_105

① 남자는 대학교에서 베트남어를 공부합니다. ☐

② 남자는 베트남어를 공부한 지 1년 되었습니다. ☐

③ 남자는 베트남어 공부가 쉽고 재미있다고 말했습니다. ☐

4 이름, 나이, 직장, 사는 곳, 가족, 취미 등 학습한 내용을 바탕으로 자유롭게 자기 소개를 해 보세요.

_____

_____

_____

_____

5 그림을 보고 대화를 완성해 보세요.

1

Ⓐ  ?

Ⓑ Địa chỉ nhà hàng ABC là số 341, phố Nguyễn Du.

2

Ⓐ  .

Đây là chị Lan.

Ⓑ Em rất vui được gặp chị.

Bài 16

지금 몇 시예요?
Bây giờ là mấy giờ rồi?

회화 익히기1

TRACK_106

학습 목표 ★ 다양한 시간 표현을 학습할 수 있습니다.

Hồng Bây giờ là mấy giờ rồi?
지금 몇 시 됐니?

Jia 12 giờ 30 phút rồi ạ.
12시 30분 됐어요.

Hải 12 giờ rưỡi, sếp ạ.
12시 반입니다, 사장님.

 bây giờ 버이 지어 ⓗ (여 ⓗ) 지금 | **mấy giờ** 머이 지어 ⓗ (여 ⓗ) 몇 시 | **giờ** 지어 ⓗ (여 ⓗ) 시 | **phút** 푿 ⓗ
(푹 ⓗ) 분 | **rưỡi** 즈어이 ⓗ (르이 ⓗ) 반, 30분

 QR로 보는 베트남 문화

베트남의 대표 공휴일!

Tết Dương lịch 설(양력 1월 1일)	Ngày Quốc tế Lao động 국제 노동자의 날(5월 1일)
Tết Nguyên Đán 설(음력 1월 1일)	Ngày Quốc khánh 국경일(9월 2일)

문화 16

문법 익히기 1

mấy giờ 몇 시

시각을 물을 때에는 '몇 시'라는 의미의 mấy giờ를 사용합니다. 아래 문장에 쓰인 bây giờ(지금), là(이다), phút(분), rồi(되었다) 등의 단어는 생략할 수 있습니다.

질문	Bây giờ là mấy giờ rồi?	지금은 몇 시 되었습니까?
대답	Bây giờ là ~ giờ ~ phút rồi.	지금은 ~시 ~분 되었습니다.

Ⓐ **Mấy giờ rồi?** 몇 시 되었습니까?

Ⓑ **Bây giờ là 3 giờ 45 phút rồi. / 5 giờ 15.** 지금은 3시 45분 됐습니다. / 5시 15(분입니다).

rưỡi 반, 30분

'반, 30분'이라는 의미의 rưỡi를 비롯해 아래 제시된 단어들은 다양한 시각을 나타냅니다. 단어마다 쓰이는 위치가 다르므로 주의해야 합니다.

단어	đúng	hơn	rưỡi	kém	gần
뜻	정각	~ 넘은	~ 반	~분 전	가까운
위치	시각의 앞 혹은 뒤	시각의 앞	시각의 뒤	giờ와 phút의 사이	시각의 앞

예 đúng **7 giờ** = **7 giờ** đúng 7시 정각   hơn **2 giờ** 2시 좀 넘어서 (보통 2시 1 ~ 15분 사이)

     4 giờ rưỡi chiều 오후 4시 반   **8 giờ** kém **15** tối 저녁 8시 15분 전

     gần **11 giờ** đêm 밤 11시 가까이

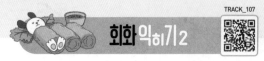

학습 목표 ★ 시각, 시점을 나타내는 전치사 lúc과 vào를 학습합니다.

Lan **Em ăn cơm lúc mấy giờ?**
너는 몇 시에 밥을 먹니?

Inho **Em không ăn cơm vào buổi sáng.**
저는 아침에는 밥을 안 먹어요.

Còn ăn trưa lúc 12 giờ đúng.
그리고 점심은 12시 정각에 먹어요.

Sau đó, 7 giờ tối em ăn bữa tối ạ.
그 후에는 저녁 7시에 저녁 식사를 해요.

 lúc 룹 ~에(시각, 시점) | **vào** 바오 ~에(시점) | **sau đó** 싸우 더 그 후에

문법 익히기 2

lúc ~에(시각, 시점)

'어떠한 시점에 어떠한 행동을 한다'는 표현을 할 때에는 전치사 lúc 혹은 vào를 시점 앞에 사용합니다.
단, 시점이 문장의 맨 앞에 위치할 때에는 lúc, vào를 생략해도 무방합니다.

lúc	· 시각, 지시형용사, 정확한 시점을 나타내는 서술어 앞에 위치
	· 시점이 문장 맨 앞에 올 때에는 생략 가능

(A) Anh thức dậy lúc mấy giờ ? 당신은 몇 시에 일어납니까?

(B) 8 giờ sáng, tôi thức dậy. 저는 아침 8시에 일어납니다. * lúc이 생략됨

vào ~에(시점) / buổi 시간대, bữa 식사

• 전치사 vào는 하루의 시간대, 일, 월, 년, 요일, 특정일, 기간 등 시각을 제외한 다양한 시점 앞에 위치합니다.

(예) Tôi sang Việt Nam vào năm 2021. 저는 2021년에 베트남에 갑니다(왔습니다).

Buổi sáng, gia đình tôi chơi cầu lông. 아침에 우리 가족은 배드민턴을 칩니다.

* vào이 생략됨

• buổi(시간대)와 bữa(식사)는 보통 아침, 점심, 저녁 등의 단어 앞에 붙으나 생략해도 무방합니다. 우리말에
서 '아침 시간대에 일어났다, 아침 식사를 했다'라고 말하지 않고 간단하게 '아침에 일어났다, 아침을 먹었다'라
고 말하는 것과 같습니다. 한편 시간과 함께 말할 때에는 buổi와 bữa는 시간 뒤에 위치합니다.

buổi 시간대	sáng 아침, 오전	trưa 점심	chiều 오후	tối 저녁	đêm 밤
bữa 식사			X		

(예) (buổi) sáng 아침 (시간대)   (bữa) trưa 점심 (식사)

1 Bây giờ là 지금은 ~입니다

Bây giờ là 버이 지어 라 ㉠ (버이 여 라 ㉡)	mấy giờ? 머이 지어 ㉠ (여 ㉡)	지금은 몇 시입니까?
	7 giờ đúng 바이 지어 둠 ㉠ (바이 여 둠 ㉡)	지금은 7시 정각입니다.
	6 giờ rưỡi 싸우 지어 즈어이 ㉠ (싸우 여 르이 ㉡)	지금은 6시 반입니다.
	gần 10 giờ đêm 건 므어이 지어 뎀 ㉠ (건 므이 여 뎀 ㉡)	지금은 밤 10시가 다 돼 갑니다.

2 lúc ~에(시각, 시점)

Các anh đi làm 깍 아잉 디 람 ㉠ (깍 안 디 람 ㉡)	mấy giờ? 머이 지어 ㉠ (여 ㉡)	여러분은 몇 시에 출근합니까?
Tôi đi làm 또이 디 람	8 giờ sáng 땀 지어 ㉠ (여 ㉡) 쌍	저는 오전 8시에 출근합니다.
Tôi bắt đầu làm việc 또이 받 더우 람 비엑 ㉠ (또이 박 더우 람 빅 ㉡)	8 giờ rưỡi 땀 지어 즈어이 ㉠ (땀 여 르이 ㉡)	저는 8시 반에 일을 시작합니다.
Cuộc họp bắt đầu 꾸옥 헙 받 더우 (꾹 헙 박 더우 ㉡)	2 giờ chiều 하이 지어 찌에우 ㉠ (하이 여 찌우 ㉡)	회의는 오후 2시에 시작합니다.

lúc 룹

3 vào ~에(시점)

Tôi đi dạy 또이 디 자이 ㉠ (야이 ㉡)	buổi chiều 부오이 찌에우 ㉠ (부이 찌우 ㉡)	저는 오후에 수업하러 갑니다.
Bạn tôi và tôi chơi bóng đá 반 ㉠ (방 ㉡) 또이 바 또이 쩌이 범 다	buổi sáng 부오이 쌍 ㉠ (부이 쌍 ㉡)	제 친구와 저는 오전에 축구를 합니다.
Tôi đi du lịch Thái Lan 또이 디 주 릭 타이 란 ㉠ (또이 디 유 릳 타이 랑 ㉡)	kỳ nghỉ hè 끼 응이 해	저는 여름 방학에 태국 여행을 갑니다.
Cô ấy chuyển nhà 꼬 어이 쭈이엔 ㉠ (쭈잉 ㉡) 냐	năm nay 남 나이	그녀는 올해 이사를 합니다.

vào 바오

★**새단어** **bắt đầu** 받 더우 ㉠ (박 더우 ㉡) 시작하다 | **cuộc họp** 꾸옥 헙 ㉠ (꾹 헙 ㉡) 회의 | **Thái Lan** 타이 란 ㉠ (랑 ㉡) 태국 | **kỳ nghỉ hè** 끼 응이 해 여름 방학 | **chuyển nhà** 쭈이엔 냐 ㉠ (쭈잉 냐 ㉡) 이사하다

Bài 16 단어정리

문자	발음	의미
bắt đầu	받 더우 ⓗ (박 더우 ⓞ)	시작하다
bây giờ	버이 지어 ⓗ (여 ⓞ)	지금
cuộc họp	꾸옥 헙 ⓗ (꾹 헙 ⓞ)	회의
chuyển nhà	쭈이엔 냐 ⓗ (쭈잉 냐 ⓞ)	이사하다
giờ	지어 ⓗ (여 ⓞ)	시
kỳ nghỉ hè	끼 응이 해	여름 방학
lúc	룹	~에(시각, 시점)
mấy giờ	머이 지어 ⓗ (여 ⓞ)	몇 시
phút	푿 ⓗ (푹 ⓞ)	분
rưỡi	즈어이 ⓗ (르이 ⓞ)	30분, 반
sau đó	싸우 더	그 후에
Thái Lan	타이 란 ⓗ (랑 ⓞ)	태국
vào	바오	~에(시점)

1 녹음을 잘 듣고 사진 속의 행동을 순서대로 나열해 보세요.

TRACK_110

_____

2 질문을 잘 듣고 자유롭게 대답해 보세요.

TRACK_111

① _____

② _____

③ _____

3 녹음을 잘 듣고 아래의 내용이 맞으면 O, 틀리면 X 표시하세요.

TRACK_112

① 여자는 배가 고픕니다. ☐

② 현재 시각은 10시 45분입니다. ☐

③ 점심 시간은 11시 15분부터입니다. ☐

4 다음 빈칸에 들어갈 알맞은 단어를 <보기>에서 골라 쓰세요.

> 보기   cuộc họp ¦ sau đó ¦ Thái Lan ¦ bây giờ ¦ bắt đầu ¦ mấy giờ

① 지금 _____   ② 회의 _____

③ 태국 _____   ④ 몇 시 _____

⑤ 그 후에 _____   ⑥ 시작하다 _____

5 그림을 보고 대화를 완성해 보세요.

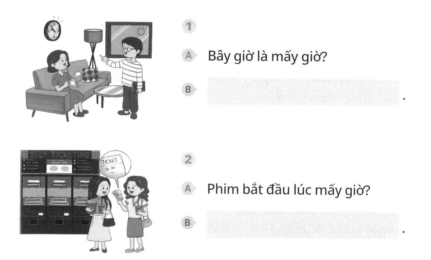

① Ⓐ Bây giờ là mấy giờ?

Ⓑ _____ .

② Ⓐ Phim bắt đầu lúc mấy giờ?

Ⓑ _____ .

★새단어

chạy bộ 조깅하다 ¦ **về đến nhà** 집에 돌아오다 ¦ **hai vợ chồng** 부부 ¦ **việc nhà** 집안일

Bài 17

오늘 며칠이에요?
Hôm nay là ngày mồng mấy?

TRACK_113

회화 익히기 1

학습 목표 ★ 요일과 날짜를 묻고 답할 수 있습니다.

Mai
Hôm nay là thứ mấy rồi?
오늘 무슨 요일이야?

Inho
Hôm nay là thứ tư.
오늘은 수요일이야.

Mai
Thế (Vậy) hôm nay là ngày mồng mấy?
그럼 오늘은 며칠이야?

Inho
Hôm nay là ngày mùng 4 tháng 6.
오늘은 6월 4일이야.

 새 단어 **hôm nay** 홈 나이 오늘 | **thứ mấy** 트 머이 무슨 요일, 몇 번째 | **thứ tư** 트 뜨 수요일, 네 번째 |
ngày 응아이 날, 일 | **mồng** 몸 날, 일(월초)

 QR로 보는 베트남 문화

베트남의 주택 임대 방식

베트남은 주택이나 아파트를 임대할 때 보통 부동산 업체를 통해 계약을 진행합니다. 또한 베트남은 전세 개념이 없기 때문에 모두 월세 형식으로 임대가 이루어지며, 보증금은 우리나라처럼 큰 액수가 아닌 3~6개월 치의 월세에 해당하는 금액을 선납하는 방식입니다.

문화 17

thứ mấy 무슨 요일

요일을 물을 때에는 '몇 번째'라는 의미의 thứ mấy를 사용합니다. 요일은 '일요일(chủ nhật)'을 제외하고 '월요일~토요일'은 모두 'thứ +숫자'라고 표현합니다.

chủ nhật	thứ hai	thứ ba	thứ tư	thứ năm	thứ sáu	thứ bảy
주일	두 번째	세 번째	네 번째	다섯 번째	여섯 번째	일곱 번째
일요일	월요일	화요일	수요일	목요일	금요일	토요일

질문	Hôm nay là thứ mấy rồi?	오늘은 무슨 요일이에요?
대답	Hôm nay là ~ rồi.	오늘은 ~요일이에요.

Ⓐ **Ngày mai là** thứ mấy**?** 내일은 무슨 요일이에요?

Ⓑ **Ngày mai là chủ nhật.** 내일은 일요일이에요.

hôm nay là ngày mồng mấy? 오늘은 며칠이야?

베트남은 날짜를 묻는 표현이 다양한데, 연월일을 말할 때에는 우리말과 반대 순서로 단어와 숫자를 나열합니다.

일	Hôm nay	là	ngày mồng / mùng mấy?	오늘은	며칠입니까?
			ngày bao nhiêu?		며칠입니까?
			ngày nào?		어느 날입니까
월	Tháng này	là	tháng mấy?	이번 달은	몇 월입니까?
			tháng bao nhiêu?		몇 월입니까?
			tháng nào?		어느 달입니까?
년	Năm nay	là	năm mấy?	올해는	몇 년도입니까?
			năm bao nhiêu?		몇 년도입니까?
			năm nào		어느 해입니까?
대답	~	là	ngày ~ tháng ~ năm ~.	~은 ~년 ~월 ~일입니다.

★새단어 **ngày mai** 응아이 마이 내일 ｜ **tháng này** 탕 나이 이번 달 ｜ **sinh nhật** 씽 녇 (씬 녁 ⑤) 생일

학습 목표 ★ 축하 표현과 전치사 cho의 용법을 학습합니다.

Hải **Chị ơi! Chúc mừng ngày Phụ nữ!**
지아 씨! 여성의 날 축하해요!

Jia **Hôm nay là ngày gì thế (vậy)?**
오늘 무슨 날이에요?

Hải **Hôm nay là ngày 20 tháng 10, ngày Phụ nữ Việt Nam.**
오늘은 10월 20일, 베트남 여성의 날이에요.

Vào ngày này, người Việt tặng hoa cho phụ nữ.
이 날에는 베트남 사람들이 여성분들께 꽃을 선물해요.

Jia **Thật à? Hoa đẹp quá! Chị cảm ơn em nhiều!**
정말요? 꽃 너무 예쁘네요! 정말 고마워요!

chúc mừng 쭙 믕 축하하다 | **phụ nữ** 푸 느 여성 | **tặng** 땅 선물하다, 증정하다 | **hoa** 호아 꽃 |
cho 쩌 ~에게, ~을 위해

문법 익히기2

 chúc mừng 축하하다

축하 표현을 할 때에는 말하고자 하는 내용 앞에 '축하하다'라는 의미의 chúc mừng을 넣어 말합니다.

> 예 Chúc mừng **sinh nhật anh!** 형, 생일 축하해요!
>
> Chúc mừng **năm mới!** 새해 축하해요! 새해 복 많이 받으세요!

 cho ~에게

동사 + cho + 대상은 '~에게 ~하다, ~을(를) 위해 ~해 주다, ~해 주세요'라는 의미로 대상에 따라 다양하게 해석될 수 있습니다.

A Anh gọi điện cho ai?

B Anh gọi điện cho Inho.

> → 주어 anh을 1인칭으로 해석한 경우 : 나는 누구에게 전화를 걸까?
> 형은 인호에게 전화를 거세요.

> → 주어 anh을 2인칭으로 해석한 경우 : 형은 누구에게 전화를 걸어요?
> 형은 인호에게 전화를 걸어.

A Ai dạy tiếng Việt cho em?

B Thầy Minh dạy tiếng Việt cho em.

> → 주어 em을 1인칭으로 해석한 경우 : 누가 저에게 베트남어를 가르쳐 주시나요?
> 밍 선생님이 너에게 베트남어를 가르쳐 주셔.

> → 주어 em을 2인칭으로 해석한 경우 : 누가 너에게 베트남어를 가르쳐 주시니?
> 밍 선생님께서 저에게 베트남어를 가르쳐 주세요.

★새단어 **năm mới** 남 머이 새해

TRACK_115

1 là + 요일 ~는 ~요일입니다

Ngày mai 응아이 마이		thứ mấy? 트 머이	내일은 무슨 요일입니까?
Ngày mai 응아이 마이	**là** 라	thứ ba 트 바	내일은 화요일입니다.
Hôm qua 홈 꾸아		thứ mấy? 트 머이	어제는 무슨 요일이었습니까?
Hôm qua 홈 꾸아		chủ nhật 쭈 녇 (하) (녁 (호))	어제는 일요일이었습니다.

2 là ngày? ~는 며칠입니까? / là ngày ~는 ~일입니다

Hôm kia 홈 끼어		mấy? 머이	그제는 며칠이었습니까?
Hôm kia 홈 끼어		mồng 2 몸 하이	그제는 2일이었습니다.
Sinh nhật em 씽 녇 앰 (하) (씬 녁 앰 (호))	**là ngày** 라 응아이	nào? 나오	네 생일은 어느 날이니?
Sinh nhật em 씽 녇 앰 (하) (씬 녁 앰 (호))		27 tháng 8 năm 1996 하이 므어이 바이 탕 땀 남 몯 응인 찐 짬 찐 므어이 싸우 (하) (하이 므이 바이 탕 땀 남 목 응앙 찡 짬 찡 므이 싸우 (호))	제 생일은 1996년 8월 27일이에요.

3 cho ~을 위해, ~에게

Anh mua quà 아잉 (하) (안 (호)) 무어 꾸아		ai? 아이	형은 누구를 위해 선물을 사나요?
Tôi mua quà 또이 무어 꾸아	**cho** 쩌	bố mẹ tôi 보 매 또이 (하) ba má tôi 바 마 또이 (호)	저는 제 부모님을 위해 선물을 삽니다.
Bạn dịch câu này 반 직 꺼우 나이 (하) (방 읻 꺼우 나이 (호))		mình 밍 (하) (민 (호))	나에게 이 문장을 번역해줘.
Mình gọi tắc xi 밍 (하) (민 (호)) 거이 딱 씨		bạn 반 (하) (방 (호))	내가 너에게 택시를 불러줄게.

★ **새단어** hôm qua 홈 꾸아 어제 ㅣ hôm kia 홈 끼어 그제 ㅣ quà 꾸아 선물 ㅣ dịch 직 (하) (읻 (호)) 번역하다 ㅣ
câu 꺼우 문장

Bài 17 단어정리

문자	발음	의미
câu	꺼우	문장
cho	쩌	~에게, ~을 위해
chúc mừng	쭙 믕	축하하다
dịch	직 (해) (일 (호))	번역하다
hoa	호아	꽃
hôm kia	홈 끼어	그제
hôm nay	홈 나이	오늘
hôm qua	홈 꾸아	어제
mồng	몸	날, 일
năm mới	남 머이	새해
ngày	응아이	날, 일
ngày mai	응아이 마이	내일
phụ nữ	푸 느	여성
quà	꾸아	선물
sinh nhật	씽 녇 (해) (씬 녁 (호))	생일
tặng	땅	선물하다, 증정하다
tháng này	탕 나이	이번 달
thứ mấy	트 머이	무슨 요일, 몇 번째
thứ tư	트 뜨	수요일, 네 번째

 요일

일요일 chủ nhật	월요일 thứ hai	화요일 thứ ba	수요일 thứ tư	목요일 thứ năm	금요일 thứ sáu	토요일 thứ bảy

 일

1일 ngày mồng / mùng một	10일 ngày mồng / mùng mười
11일 ngày mười một	31일 ngày ba mươi mốt

* 1일부터 10일 앞에는 '초순'이라는 의미를 지닌 mồng이나 mùng을 붙입니다.

월, 달

1월 tháng một	2월 tháng hai	3월 tháng ba	4월 tháng tư
5월 tháng năm	6월 tháng sáu	7월 tháng bảy	8월 tháng tám
9월 tháng chín	10월 tháng mười	11월 tháng mười một	12월 tháng mười hai

날과 해

그저께 hôm kia	어제 hôm qua	오늘 hôm nay	내일 ngày mai	모레 ngày kia
지지난주 tuần trước nữa	지난주 tuần trước	이번주 tuần này	다음주 tuần sau	다다음주 tuần sau nữa

지지난달 tháng trước nữa	지난달 tháng trước	이번달 tháng này	다음달 tháng sau	다다음달 tháng sau nữa
재작년 năm kia	작년 năm ngoái / năm trước	올해 năm nay	내년 sang năm / năm sau	내후년 năm sau nữa

 시간대

정오 giữa trưa		자정 nửa đêm		매일 hàng ngày / mỗi ngày
평일 ngày thường	주초 đầu tuần	주중 giữa tuần	주말 cuối tuần	매주 hàng tuần / mỗi tuần
월초 đầu tháng	월중순 giữa tháng		월말 cuối tháng	매월 hàng tháng / mỗi tháng
연초 đầu năm	연중순 giữa năm		연말 cuối năm	매년 hàng năm

상반기 nửa đầu năm		하반기 nửa cuối năm	
1/4 분기 quý một	2/4 분기 quý hai	3/4 분기 quý ba	4/4 분기 quý bốn

계절

봄 mùa xuân	여름 mùa hè / mùa hạ	가을 mùa thu	겨울 mùa đông

1 녹음을 잘 듣고 빈칸에 들어갈 알맞은 단어를 쓰세요.

TRACK_117

① 축하하다 _____
② 선물하다 _____
③ 그제 _____
④ 생일 _____
⑤ 새해 _____
⑥ 수요일 _____
⑦ 번역하다 _____
⑧ 꽃 _____

2 질문을 잘 듣고 자유롭게 대답해 보세요.

TRACK_118

① _____
② _____
③ _____

3 녹음을 잘 듣고 아래의 내용이 맞으면 O, 틀리면 X 표시하세요.

TRACK_119

① 남매지간의 대화입니다. ☐
② 남자는 오늘 학교에 지각했습니다. ☐
③ 오늘은 일요일입니다. ☐

4 다음 글을 읽고 각각의 질문에 대한 날짜를 찾아보세요.

Hôm nay là ngày đầu tiên của tháng sáu. Hôm nay tôi đi mua quà vì ngày mùng 3 là sinh nhật của Yoon. Chủ nhật tuần này, tôi và các bạn gặp nhau, chúc mừng sinh nhật của Yoon.

① Hôm nay là thứ mấy, ngày mấy? _____

② Sinh nhật của Yoon là ngày bao nhiêu? _____

③ Các bạn gặp nhau vào ngày bao nhiêu? _____

5 그림을 보고 대화를 완성해 보세요.

①

Ⓐ Hôm nay là ngày bao nhiêu?

Ⓑ _____ .

②

Ⓐ Em bắt đầu học tiếng Việt vào năm bao nhiêu?

Ⓑ _____ .

Bài 18

너희들 이해했니?
Các em đã hiểu chưa?

회화 익히기1

TRACK_120

학습 목표 ★ 과거 완료 시제의 의문문, 부정문을 학습합니다.

Minh Các em đã hiểu bài hôm nay chưa?
너희들 오늘 강의 이해했니?

Mai Rồi ạ. Em đã hiểu hết rồi.
네. 저는 전부 이해했어요.

Inho Chưa thầy ạ. Bài hôm nay hơi khó.
아직이에요, 선생님. 오늘 강의는 약간 어려워요.

Em vẫn chưa hiểu phần này ạ.
저는 여전히 이 부분을 이해하지 못했어요.

Minh Ừ, thầy giải thích lại cho em.
응, 선생님이 다시 설명해 줄게.

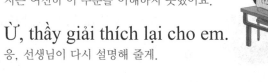

 bài 바이 강의, ~과, 과제 | **vẫn** 번 ⑭ (병 ⑭) 여전히 | **phần** 펀 ⑭ (펑 ⑭) 부분, 파트 | **giải thích** 지아이 틱 ⑭ (야이 틷 ⑭) 설명하다

 Q.R로 보는 베트남 문화

베트남 북부 관광지 사파!
사파(Sapa)는 베트남 북쪽 고산지대에 위치한 마을입니다. 동남아 지역임에도 불구하고 겨울에는 눈이 올 만큼 날씨가 춥습니다. 또한 이 지역에는 다양한 소수민족이 살고 있어 그들만의 독특한 문화를 체험할 수 있으며, 수려한 풍경을 감상하며 트래킹을 즐길 수 있습니다.

문화 18

문법 익히기1

 đã … chưa 과거 완료 시제

đã … chưa는 '~했다'라는 의미로 15과에서 학습했던 과거 완료 시제 đã … (rồi)에서 의문문과 부정문 형태를 추가로 학습합니다. chưa는 không과 마찬가지로 문장 내에서의 위치에 따라 의미가 달라집니다. 다만 không은 현재와 미래 시제에 쓰이며, chưa는 과거 시제에 쓰입니다.

chưa의 위치	의미
서술어 앞	'아직 ~하지 않은, 아직 ~하지 못한' 부정어
서술어 뒤	'~했습니까?' 의문사
단독	'아직입니다' 부정 대답

의문문	주어 + đã + 서술어 + chưa? ~은(는) ~했습니까?
긍정문	Rồi. 주어 + đã + 서술어 + rồi. 네. ~은(는) ~했습니다.
부정문	Chưa. 주어 + chưa + 서술어. 아직입니다. ~은(는) ~하지 않았습니다.

Ⓐ **Các anh ăn trưa chưa?** 형들 점심 먹었어요?

Ⓑ **Rồi. Anh ăn rồi.** 응. 형은 먹었어.

Ⓒ **Chưa. Anh chưa ăn.** 아직이야. 형은 아직 안 먹었어.

　　* 아직 안 먹었으므로 이후에 먹을 것이라는 의미 함축

Ⓓ **Không. Anh không ăn trưa.** 아니. 형은 점심 안 먹어.

　　* 평소에 점심을 먹지 않거나 오늘 먹지 않을 것이라는 의미 함축

> ★ Tip
> đã와 rồi 중 하나는 생략
> 가능합니다.

Ⓐ **Các bạn đã hiểu rõ chưa?** 너희들 정확히 이해했니?

Ⓑ **Rồi. Mình hiểu rõ rồi.** 응. 나 정확히 이해했어.

Ⓒ **Chưa. Mình vẫn rối.** 아직이야. 난 여전히 헷갈려.

★새단어 **rõ** 저 ⓗ (러 ⓞ) 정확한, 명확한 | **rối** 조이 ⓗ (로이 ⓞ) 헷갈리는, 꼬이는

회화**익히기**2

학습 목표 ★ 현재 진행 시점과 미래 시제를 학습합니다.

Hải　　Sếp đang ở đâu, chị?
사장님 어디 계세요, 지아 씨?

Jia　　Sếp đang nghe điện thoại ở hành lang. Sao thế (vậy)?
사장님은 복도에서 전화 받고 계세요. 왜 그러세요?

Hải　　Khách của sếp đã đến rồi ạ. Khi nào sếp về ạ?
사장님 손님께서 도착하셨어요. 사장님은 언제 오시나요?

Jia　　Chị cũng không biết. Bây giờ chị sẽ đi báo cho sếp.
저도 모르겠어요. 지금 제가 사장님께 말씀드리러 갈게요.

đang 당 ~하고 있다, ~하는 중이다 ㅣ **hành lang** 하잉 ㉱ (한 ㉾) 랑 복도 ㅣ **khách** 카익 ㉱ (칻 ㉾) 손님 ㅣ
khi nào 키 나오 언제 ㅣ **sẽ** 쌔 ~할 것이다

문법익히기2

 đang ~하고 있다 / sẽ ~할 것이다

• 'đang + 동사'는 현재 진행 시제로 '~하는 중이다, ~하고 있다'라는 의미입니다.

(A) Bây giờ em đang làm gì đấy? 지금 너 뭐하고 있어?

(B) Em đang đi mua sắm. 저는 쇼핑하러 가고 있어요.

• 'sẽ + 동사'는 미래 시제로 '~할 것이다'라는 의미입니다.

(A) Cuối tuần này các bạn có đi chợ đêm không? 이번 주말에 너희들 야시장 갈 거야?

(B) Có. Mình sẽ đi. 응. 나는 갈 거야.

(C) Không. Mình sẽ không đi. Mình có hẹn khác rồi.
아니. 나는 안 갈 거야. 나는 다른 약속이 있어.

 khi nào 언제

khi nào, bao giờ는 '언제'라는 의미의 시점 의문사로 어떠한 행동이나 일이 벌어진 시점을 물어볼 때 사용합니다. 또한 khi nào, bao giờ는 위치에 따라 시제가 달라집니다.

위치	의미	시제
문장 맨 앞	언제 ~할 것입니까?	미래의 시점을 물을 때에 쓰이며, 미래 시제 sẽ와 함께 쓸 수 있음
문장 맨 뒤	언제 ~했습니까?	과거의 시점을 물을 때에 쓰이며, 과거 시제 đã, rồi와 결합할 수 있음

(예) Khi nào anh đi công tác về? 형은 출장 갔다 언제 와요?

Bao giờ anh sẽ giao hàng? 당신은 언제 배달하나요?

Anh đi công tác về khi nào? 형은 출장 갔다 언제 왔어요?

Anh đã giao hàng bao giờ? 당신은 언제 배달했나요?

★새단어 mua sắm 무어 쌈 쇼핑하다 | giao hàng 지아오 ⑯ (야오 ⑳) 항 배달하다, 상품을 인도하다

1 đã … chưa? ~했나요?

Anh 아잉 ⓗ (안 ⓗ)	đã 다	kiểm tra e-mail 끼엠 짜 이 메오 ⓗ (낌 짜 이 메오 ⓗ)	chưa? 쯔어	당신은 이메일을 확인했나요?
Chị 찌		in danh thiếp 인 자잉 티엡 ⓗ (잉 얀 팁 ⓗ)		당신은 명함을 인쇄했나요?
Em 앰		sắp xếp hồ sơ 쌉 쎕 호 써		당신은 서류를 정리했나요?

2 Chưa. … chưa … 아직이다. ~하지 않았다

Chưa. 쯔어	Anh 아잉 ⓗ (안 ⓗ)	chưa 쯔어	kiểm tra e-mail 끼엠 짜 이 메오 ⓗ (낌 짜 이 메오 ⓗ)	아직이에요. 나는 아직 이메일을 확인하지 않았어요.
	Chị 찌		in danh thiếp 인 자잉 티엡 ⓗ (잉 얀 팁 ⓗ)	아직이에요. 나는 아직 명함을 인쇄하지 않았어요.
	Em 앰		sắp xếp hồ sơ 쌉 쎕 호 써	아직이에요. 저는 아직 서류를 정리하지 않았어요.

3 đang ~하는 중이다 / **sẽ** ~할 것이다

Cậu 꺼우	đang 당	ở đâu đấy? 어 더우 더이	너 어디에 있는 중이야?
Tớ 떠		làm việc ở văn phòng 람 비엑 어 반 펌 ⓗ (람 빅 어 방 펌 ⓗ)	나 사무실에서 일하고 있어.
Ai 아이	sẽ 쌔	đi với chị Linh? 디 버이 찌 링 ⓗ (린 ⓗ)	누가 링 씨와 갈 건가요?
Tôi 또이		đi với chị Linh 디 버이 찌 링 ⓗ (린 ⓗ)	제가 링 씨와 갈 거예요.

4 bao giờ 언제 ~할 건가요?, 언제 ~했나요?

Bao giờ 바오 지어 ⓗ (여 ⓗ)	chị đặt hàng 찌 닫 ⓗ (닥 ⓗ) 항	?	당신은 언제 주문할 건가요?
		bao giờ 바오 지어 ⓗ (여 ⓗ)	당신은 언제 주문했나요?
Bao giờ 바오 지어 ⓗ (여 ⓗ)	em đi học về 앰 디 헙 베	?	너 학교 갔다 언제 올 거니?
		bao giờ 바오 지어 ⓗ (여 ⓗ)	너 학교 갔다 언제 왔니?

Bài 18 단어정리

문자	발음	의미
bài	바이	강의, ~과, 과제
đang	당	~하고 있다, ~하는 중이다
giải thích	지아이 틱ⓗ (야이 틸ⓗ)	설명하다
giao hàng	지아오ⓗ (야오ⓗ) 항	배달하다, 상품을 인도하다
hành lang	하잉ⓗ (한ⓗ) 랑	복도
khách	카익ⓗ (칸ⓗ)	손님
khi nào	키 나오	언제
mua sắm	무어 쌈	쇼핑하다
phần	펀ⓗ (펑ⓗ)	부분, 파트
rõ	저ⓗ (러ⓗ)	정확한, 명확한
rối	조이ⓗ (로이ⓗ)	헷갈리는, 꼬이는
sẽ	쌔	~할 것이다
vẫn	번ⓗ (벙ⓗ)	여전히

연습 문제

1 녹음을 잘 듣고 빈칸에 들어갈 알맞은 단어를 쓰세요.

TRACK_124

① 배달하다 _____ ② 언제 _____

③ 정확한, 명확한 _____ ④ 헷갈리는 _____

⑤ 설명하다 _____ ⑥ 쇼핑하다 _____

⑦ 상품 _____ ⑧ 손님 _____

2 질문을 잘 듣고 자유롭게 대답해 보세요.

TRACK_125

① _____

② _____

③ _____

④ _____

3 녹음을 잘 듣고 아래의 내용이 맞으면 O, 틀리면 X 표시하세요.

TRACK_126

① 남자는 사장님께 전화를 걸었습니다. ☐

② 사장님은 통화 중입니다. ☐

③ 남자는 사장님을 직접 찾아갈 것입니다. ☐

4 다음 단어들을 조합하여 올바른 순서대로 나열하세요.

về nước / cô Châu / khi nào / sẽ

Ⓐ _____ ?

rồi / về nước / cô ấy / đã

Ⓑ _____ .

đã / về / bao giờ / cô ấy

Ⓐ _____ ?

về nước / vào / cô ấy / tháng trước

Ⓑ _____ .

5 그림을 보고 대화를 완성해 보세요.

❶

Ⓐ _____ ?

Ⓑ Tớ đang chơi game.

❷

Ⓐ Cô đã ăn cơm chưa ạ?

Ⓑ _____ .

★ 새단어

máy 전화, 기계
lát nữa 잠시 후

Bài 19

후에에 가 본 적 있어?
Mai đã bao giờ đi Huế chưa?

 회화 익히기1

TRACK_127

학습 목표 ★ 근접 미래 완료 시제 sắp과 '~할 예정이다' định 용법을 학습합니다.

Mai	Sắp nghỉ hè rồi. Nghỉ hè lần này Inho định làm gì? 곧 여름 방학이야. 이번 여름 방학에 인호는 뭐할 예정이야?
Inho	Nghe nói Huế và Hội An rất đẹp. 듣기로는 후에랑 호이 안이 아주 아름답대. Vì thế (vậy) tớ định đi du lịch miền Trung. 그래서 나는 중부 지역에 여행을 갈 예정이야.

 **sắp** 쌉 곧 | **lần** 런 ⓗ(령ⓢ) 번, 횟수 | **định** 딩 ⓗ(딘ⓢ) ~할 예정이다, ~하기로 했다 | **nghe nói** 응애 너이 듣기로는 | **Huế** 후에 후에(도시명) | **miền** 미엔 ⓗ(밍ⓢ) 지역 | **miền Trung** 미엔 쭝 ⓗ(밍 쭘ⓢ) 중부 지역

QR로 보는 베트남 문화

베트남 중부 핫플레이스 다낭!
다낭(Đà Nẵng)은 베트남 중부 지역에 위치한 항구 도시로 한국인이 가장 선호하는 해외 여행지 중 한 곳입니다. 다낭은 도시 가운데에 강이 흐르고 옆에는 해안선이 펼쳐져 있어서 도시 관광과 더불어 바다도 구경할 수 있는 도시입니다.

문화 19

 문법 익히기1

 sắp 곧

미래 시제 sẽ가 단순하게 '~할 것이다'라는 의미인 반면, '곧'이라는 의미의 sắp은 근접 미래 완료 시제로 가까운 시간 안에 어떠한 일이 완료될 것이라는 확신을 담고 있습니다. 'sắp + 동사'는 '곧 ~할 것이다', 'sắp + 명사'는 '곧 ~가 될 것이다'라는 의미이며, 의문문과 부정문에는 완료를 나타내는 chưa를 함께 사용합니다.

의문문	주어 + sắp + ~ + chưa?	~은(는) 곧 ~합니까? / ~됩니까?
긍정문	Rồi. 주어 + sắp + ~ + rồi.	네. ~은(는) 곧 ~합니다. / ~됩니다.
부정문	Chưa. 주어 + chưa + ~.	아니요. ~은(는) 아직 ~하지 않습니다. / ~되지 않습니다.

Ⓐ **Bạn sắp đến chưa?** 너 곧 도착하니?

Xe buýt sắp chạy rồi. 버스가 곧 출발해.

Ⓑ **Xin lỗi. Tớ sắp đến.** 미안해. 나 곧 도착해. *rồi가 생략된 형태

★ Tip
rồi는 생략 가능하나, sắp은 생략할 수 없습니다.

 định ~할 예정이다

định + 동사는 '~할 예정이다, ~하기로 했다'라는 의미로 어떠한 일을 하기로 결심했거나 결정된 것을 말합니다.

Ⓐ **Cuối tuần này cậu định đi đâu?** 이번 주말에 너 뭐할 예정이야?

Ⓑ **Nghe nói công viên Bách Thảo rất đẹp.** 듣기로는 바익 타오 공원이 아주 아름답대.

Mình định đi công viên đó. 나는 그 공원에 가기로 했어.

★ Tip
nghe nói는 '듣기로는, ~라고 말하는 것을 듣다'라는 의미입니다.

★새단어 **xe buýt** 쌔 부잇 ⓗ (부익) ⓢ 버스 ǀ **chạy** 짜이 달리다

TRACK_128

학습 목표 ★ 과거 경험 시제 đã bao giờ … chưa를 학습합니다.

Inho   **Mai đã bao giờ đi Huế chưa?**
마이는 후에에 가 봤어?

Mai   **Tớ đã từng sống ở Huế rồi.**
나는 후에에서 살았었어.

         Còn cậu đã đi lần nào chưa?
그런데 너는 가 본 적 있어?

Inho   **Chưa. Tớ chưa đi bao giờ.**
아직이야. 나는 가 본 적 없어.

 đã từng 다뜽 ~했었다, ~한 적 있다

문법 익히기 2

đã bao giờ ··· chưa? ~한 적 있어요?

đã bao giờ ··· chưa?는 과거에 어떠한 일을 해 본 경험이 있는지 물을 때 쓰는 표현입니다. 여기에서 bao giờ는 '언제, 언젠가'라는 의미로 동사의 앞 혹은 뒤에 모두 위치할 수 있으며, '어느 횟수도, 한 번도'라는 의미의 lần nào와 바꾸어 쓸 수도 있습니다.

의문문	주어 + đã bao giờ + 동사 + chưa? 주어 + đã + 동사 + bao giờ chưa?	~은(는) ~해 본 적 있습니까?
긍정문	Rồi. 주어 + đã từng / từng + 동사 + rồi. Rồi. 주어 + đã + 동사 + ~ lần rồi.	네. ~은(는) ~한 적 있습니다. 네. ~은(는) ~번 ~했습니다.
부정문	Chưa. 주어 + chưa bao giờ + 동사. Chưa. 주어 + chưa + 동사 + bao giờ.	아니요. ~은(는) ~해 본 적 없습니다.

Ⓐ **Các em đã bao giờ ăn sầu riêng chưa?** 너희들은 두리안을 먹어 본 적 있니?

Ⓑ **Rồi ạ. Em từng ăn rồi.** 네. 저는 먹어 본 적 있어요.

Ⓒ **Em cũng ăn nhiều lần rồi ạ.** 저도 많이 먹어 봤어요.

Ⓓ **Chưa ạ. Em chưa ăn bao giờ.** 아직이에요. 저는 먹어 본 적 없어요.

....

Ⓐ **Các em đã đến Nha Trang bao giờ chưa?** 너희들 냐짱에 가 본 적 있니?

Ⓑ **Rồi ạ. Em đã từng đến rồi.** 네. 저는 가 본 적 있어요.

Ⓒ **Em cũng đi du lịch một lần rồi ạ.** 저도 한 번 여행 가 봤어요.

Ⓓ **Chưa ạ. Em chưa đi lần nào.** 아직이에요. 저는 가 본 적 없어요.

★새단어 **sầu riêng** 써우 지엥 ⓗ (링 ⓝ) 두리안 | **Nha Trang** 냐 짱 냐짱, 나트랑(도시명)

 패턴 익히기

1 sắp ··· rồi 곧 ~입니다

| Ông 옴
Bác 박 | sắp
쌉 | về hưu 베 흐우
đến 덴 해 (뎅 호)
hè 해 | rồi
조이 해
(로이 호) | 할아버지는 곧 은퇴하십니다.
아저씨는 곧 도착하십니다.
곧 여름이다. |

2 định ~하기로 했다

| Gia đình mình
지아 딩 밍 해 (야 딘 민 호)
Tôi 또이
Bà 바 | định
딩 해
(딘 호) | ăn ngoài 안 해 (앙 호) 응오아이
đi du học 디 주 해 (유 호) 헙
đi ngày mai 디 응아이 마이 | 우리 가족은 외식하기로 했다.
나는 유학을 가기로 했다.
할머니는 내일 가시기로 했다. |

3 đã bao giờ ··· chưa? ~한 적이 있나요?

| Ông bà
옴 바
Anh
아잉 해 (안 호)
Chị 찌 | đã bao
giờ
다 바오 지어 해
(다 바오 여 호) | đến Đà Lạt
덴 해 (뎅 호) 다 랏 해 (락 호)
ăn bún chả
안 분 짜 해 (앙 붕 짜 호)
học tiếng Nga
헙 띠엥 해 (띵 호) 응아 | chưa?
쯔어 | 할아버지, 할머니는 달랏에
가 본 적 있으세요?
형은 분짜를 먹어 본 적 있어요?
누나는 러시아어를 공부해 본 적
있어요? |

4 chưa bao giờ ~한 적이 없다

| Ông bà 옴 바
Anh 아잉 해 (안 호)
Chị 찌 | chưa bao
giờ
쯔어 바오 지어 해
(쯔어 바오 여 호) | đến Đà Lạt
덴 해 (뎅 호) 다 랏 해 (락 호)
ăn bún chả
안 분 짜 해 (앙 붕 짜 호)
học tiếng Nga
헙 띠엥 해 (띵 호) 응아 | 할아버지 할머니는 달랏에 가 본 적 없
어.
형은 분짜를 먹어 본 적 없어.
누나는 러시아어를 공부해 본 적 없어. |

★새단어 về hưu 베 흐우 은퇴하다 I hè 해 여름 I ăn ngoài 안 해 (앙 호) 응오아이 외식하다 I Đà Lạt 다 랏 해 (다 락 호) 달랏(도시명) I bún chả 분 해 (붕 호) 짜 분짜 I Nga 응아 러시아

Bài 19 단어정리

TRACK_130

문자	발음	의미
ăn ngoài	안 ⓗ (앙 ⓗ) 응오아이	외식하다
bún chả	분 ⓗ (붕 ⓗ) 짜	분짜
chạy	짜이	달리다
Đà Lạt	다 랏 ⓗ (다 락 ⓗ)	달랏(도시명)
đã từng	다 뜽	~했었다, ~한 적 있다
định	딩 ⓗ (딘 ⓗ)	~할 예정이다, ~하기로 했다
Huế	후에	후에(도시명)
lần	런 ⓗ (렁 ⓗ)	~번, 횟수
miền	미엔 ⓗ (밍 ⓗ)	지역
miền Trung	미엔 쭘 ⓗ (밍 쭘 ⓗ)	중부 지역
Nga	응아	러시아
nghe nói	응애 너이	듣기로는
Nha Trang	냐 짱	냐짱, 나트랑(도시명)
sắp	쌉	곧
sầu riêng	써우 지엥 ⓗ (링 ⓗ)	두리안
xe buýt	쌔 부잍 ⓗ (부익 ⓗ)	버스
về hưu	베 흐우	은퇴하다

1 녹음을 잘 듣고 각각의 질문에 대한 대답으로 알맞은 것을 연결하세요.

TRACK_131

①   ⓐ Tớ vẫn chưa biết. Còn cậu thèm gì?

②   ⓑ Chưa ạ. Em chưa bao giờ nói chuyện với
                            người dân tộc.

③   ⓒ Sắp rồi ạ. 5 phút sau con về nhà ạ.

④   ⓓ Ừ, mình đã đến 1 lần rồi.

2 질문을 잘 듣고 자유롭게 대답해 보세요.

TRACK_132

①　_____

②　_____

③　_____

3 녹음을 잘 듣고 아래의 내용이 맞으면 O, 틀리면 X 표시하세요.

TRACK_133

① 여자는 과일을 먹고 있습니다. ☐

② 남자는 이것을 먹어 본 적 있습니다. ☐

③ 남자는 이것을 싫어합니다. ☐

4 다음 단어들을 조합하여 올바른 순서대로 나열하세요.

này / bao giờ / chưa / cháu / đọc / đã / sách

Ⓐ _____ ?

bao giờ / cháu / này / đọc / sách / chưa

Ⓑ _____ .

này / nhưng / rất / nghe nói / hay / sách

Ⓑ _____ .

5 그림을 보고 대화를 완성해 보세요.

①

Ⓐ Tối nay chị định làm gì?

Ⓑ _____ .

②

Ⓐ _____ ?

Ⓑ Rồi ạ. Phim sắp bắt đầu rồi.

★ 새단어

thèm 원하다, 먹고 싶다 ǀ **nói chuyện** 대화하다 ǀ **dân tộc** 소수민족

얼마나 멀어요? Bao xa?

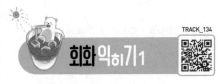

회화익히기1
TRACK_134

학습 목표 ★ 거리를 묻고 답할 수 있으며, 전치사 bằng을 학습합니다.

Inho	**Từ nhà cậu đến trường bao xa?** 너희 집에서 학교까지 얼마나 멀어?
Mai	**Khoảng 10 cây. Vì thế (vậy) tớ đi học bằng xe máy.** 약 10km야. 그래서 나는 오토바이로 등교해.
	Còn Inho đi học bằng gì? 그런데 너는 뭐 타고 등교해?
Inho	**Tớ đi bộ đến trường.** 나는 학교에 걸어가.
	Nhà tớ gần trường lắm. 우리 집은 학교에서 아주 가까워.

từ 뜨 ~에서, ~부터 | **đến** 덴⑩ (뎅⑧) ~까지 | **xa** 싸 먼 | **bao xa** 바오 싸 얼마나 멀어요? | **cây** 꺼이 km | **bằng** 방 ~으로 | **đi bộ** 디 보 걸어가다

QR로 보는 베트남 문화

베트남의 남부 휴양지 나트랑!
나트랑(Nha Trang)은 베트남에서 가장 유명한 휴양지 중 한 곳입니다. 이곳은 섬 전체를 리조트로 개발한 빈펄랜드 (Vinpearl Land)와 육지를 잇는 케이블카가 유명한데, 케이블카의 길이가 무려 3km가 넘는다고 합니다.

문화 20

문법 익히기1

từ A đến B   A에서(부터) B까지

từ A đến B는 'A에서(부터) B까지'라는 의미로 시간, 기간, 거리, 범위 등에 다양하게 쓰입니다. 또한 '~부터'라는 의미의 từ는 생략할 수 있습니다.

예 **Từ Hà Nội đến Huế bao xa?** 하노이에서 후에까지 얼마나 멀어요?

Tôi làm việc từ 8 giờ sáng đến 5 giờ chiều.
저는 오전 8시부터 오후 5시까지 일해요.

Hôm nay chúng ta sẽ học từ trang 100 đến 110.
오늘 우리는 100쪽부터 110쪽까지 공부할 거예요.

> ★ Tip
> 의문사 bao xa?는 '얼마나 멀어요?'라는 의미로 거리를 물을 때 사용합니다.

bằng   ~으로

• 동사 + bằng + 명사는 '~로 ~하다'라는 의미로 수단, 방법, 재료 등을 나타낼 때 사용합니다. 반면 전치사 bằng이 동사 뒤에 위치할 경우에는 '~으로'라고 해석됩니다.

Ⓐ **Món này làm bằng gì?** 이 음식은 무엇으로 만드나요? (재료)
Ⓑ **Món này làm bằng gạo và thịt lợn (북) (heo (남)).** 이 음식은 쌀과 돼지고기로 만들어요.

···

Ⓐ **Người Việt Nam ăn cơm bằng gì?** 베트남 사람은 무엇으로 밥을 먹나요? (수단, 방법)
Ⓑ **Người Việt Nam ăn cơm bằng đũa.** 베트남 사람은 젓가락으로 밥을 먹어요.

• 동사 + bằng +교통수단은 '~으로 가다, ~을 타고 가다'라는 의미로 교통 수단을 나타낼 때 사용합니다. 한편 bằng을 생략하고 đi + 교통수단이라고 말하면 '~를 타다'라고 해석할 수 있습니다.

Ⓐ **Các anh đi làm bằng gì?** 형들은 무엇을 타고 출근해요?
Ⓑ **Anh đi làm bằng xe đạp.** 형은 자전거로 출근해.
Ⓒ **Anh đi xe máy.** 형은 오토바이를 타.

★새단어 **trang** 짱 쪽, 페이지 ǀ **gạo** 가오 쌀 ǀ **thịt** 틷 (북) (틱 (남)) 고기 ǀ **xe đạp** 쌔 답 자전거

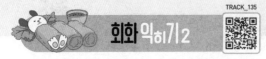

학습 목표 ★ 기간을 묻고 답할 수 있으며, chỉ thôi의 용법을 학습합니다.

Inho　　Từ nhà cậu đến trường **mất** bao lâu?
너네 집에서 학교까지 얼마나 오래 걸려?

Mai　　Từ nhà đến trường mất 30 phút bằng xe máy.
집에서 학교까지 오토바이로 30분 걸려.

Còn cậu đi bộ đến trường mất bao lâu?
그런데 너는 학교까지 걸어오는데 얼마나 오래 걸려?

Inho　　Tớ **chỉ** mất 5 phút **thôi**.
나는 5분 밖에 안 걸려.

Mai　　Thích thế (vậy)!
좋겠다!

 mất 멸 ⓗ (먹) 걸리다, 소요되다 | **bao lâu** 바오 러우 얼마나 오래 | **chỉ … thôi** 찌 ~ 토이 단지, 오직

문법익히기2

mất (시간, 비용이) 걸리다, 소요되다

동사 + mất은 '(시간, 비용이) 걸리다, 소요되다'라는 의미입니다.

Ⓐ **Từ Hà Nội đến Huế mất** **bao lâu?** 하노이에서 후에까지 얼마나 오래 걸려요?

Ⓑ **Từ Hà Nội đến Huế bằng tàu hỏa mất khoảng 12 tiếng.**
하노이에서 후에까지 기차로 약 12시간 걸려요.

Nhưng mất hơn 1 tiếng bằng máy bay. 하지만 비행기로는 1시간 좀 넘게 걸려요.

> ★Tip
> 의문사 bao lâu?는 '얼마나 오래 걸려요?'라는 의미로 소요 시간을 물을 때 사용합니다.

Ⓐ **Em mua dép này mất bao nhiêu?** 너 이 샌들 사는 데 얼마 들었니?

Ⓑ **Em mất 100.000 ạ.** 저 10만 동 썼어요.

Ⓐ **Rẻ thế⁽ʰ⁾ (vậy⁽ᵒ⁾)!** 엄청 싸네!

chỉ ··· thôi 단지, 오직

chỉ ··· thôi는 '단지, 오직, ~만, ~일 뿐이다'라는 의미로 영어의 only, just와 비슷합니다. 둘 중 하나를 생략해도 의미는 같으며, chỉ는 서술어 앞에, thôi는 반드시 문장 끝에 와야 합니다.

예 **Trong lớp chỉ có 2 học sinh thôi.** 교실 안에 학생이 두 명 밖에 없어요.

Tôi đã học kế toán thôi. 저는 회계만 공부했어요.

Em ấy chỉ là sinh viên. 그 애는 단지 대학생일 뿐이에요.

★새단어 **tàu hỏa (xe lửa)** 따우 호아⁽ʰ⁾ (쌔 르어⁽ᵒ⁾) 기차 | **dép** 잽⁽ʰ⁾ (얩⁽ᵒ⁾) 샌들, 슬리퍼 | **rẻ** 재⁽ʰ⁾ (래⁽ᵒ⁾) 저렴한 | **kế toán** 께 또안⁽ʰ⁾ (또앙⁽ᵒ⁾) 경리, 회계

1 Từ A đến B A부터 B까지

Từ 뜨	đây 더이	đến 덴 (하) (뎅 (호))	đó 더	mất bao lâu? 멀 (하) (먹 (호)) 바오 러우	여기서 거기까지 얼마나 걸려요?
	đây 더이		đó 더	mất 1 ngày 멀 몯 응아이 (하) (먹 목 응아이 (호))	여기서 거기까지 하루 걸립니다.
	đây 더이		bờ hồ 버 호	bao xa? 바오 싸	여기서 호숫가까지 얼마나 멀어요?
	đây 더이		bờ hồ 버 호	cách 1km 까익 몯 끼로맴 (하) (깟 목 끼로맥 (호))	여기서 호숫가까지 1km 떨어져 있어요.

2 bằng ~으로

Em đi Mũi Né 앰 디 무이 내	bằng 방	gì? 지 (하) (이 (호))	너는 무이 네에 무엇으로 가니?
Em đi Mũi Né 앰 디 무이 내		xe khách 쌔 카익 (하) (깟 (호))	저는 무이 네에 관광버스로 갑니다.
Anh thanh toán 아잉 타잉 또안 (하) (안 탄 또앙 (호))		gì? 지 (하) (이 (호))	오빠는 무엇으로 결제해요?
Tôi muốn thanh toán 또이 무온 타잉 또안 (하) (또이 뭉 탄 또앙 (호))		tiền mặt 띠엔 맏 (하) (띵 막 (호))	나는 현금으로 결제하고 싶어.

3 chỉ ··· thôi 단지 ~일 뿐이다

Tôi 또이	chỉ 찌	xem 쌤	thôi 토이	저는 보기만 하는 거예요.
Chị 찌		mệt 멛 (하) (멕 (호))		언니는 단지 피곤한 거야.
Mình 밍 (하) (민 (호))		nói đùa 너이 두어		나는 단지 농담한 것 뿐이야.
Em 앰		có 1 cây bút 꺼 몯 꺼이 붇 (하) (꺼 목 꺼이 북 (호))		저는 펜 한 자루만 있어요.

★새단어 bờ hồ 버 호 호숫가 | cách 까익 (하) (깟 (호)) 거리가 떨어진

Bài 20 단어 정리

TRACK_137

문자	발음	의미
bằng	방	~으로
bao lâu	바오 러우	얼마나 오래
bao xa	바오 싸	얼마나 멀어요?
bờ hồ	버 호	호숫가
cách	까익 ⓗ (깐 ⓞ)	거리가 떨어진
cây	꺼이	km
chỉ ⋯ thôi	찌 ~토이	단지, 오직
dép	잽 ⓗ (얩 ⓞ)	샌들, 슬리퍼
đến	덴 ⓗ (뎅 ⓞ)	~까지
đi bộ	디 보	걸어가다
gạo	가오	쌀
kế toán	께 또안 ⓗ (또앙 ⓞ)	경리, 회계
mất	먿 ⓗ (먹 ⓞ)	걸리다, 소요하다
rẻ	재 ⓗ (래 ⓞ)	저렴한
tàu hỏa	따우 호아 ⓗ	기차
từ	뜨	~에서, ~부터
thịt	틷 ⓗ (틱 ⓞ)	고기
trang	짱	쪽, 페이지
xa	싸	먼
xe đạp	쌔 답	자전거
xe lửa	쌔 르어 ⓞ	기차

연습 문제

1 녹음을 잘 듣고 빈칸에 들어갈 알맞은 단어를 쓰세요.

TRACK_138

① 얼마나 오래 _____   ② 기차 _____

③ 회계 _____   ④ 저렴한 _____

⑤ 고기 _____   ⑥ 걷다 _____

⑦ 소요하다 _____   ⑧ 호숫가 _____

2 질문을 잘 듣고 자유롭게 대답해 보세요.

TRACK_139

① _____

② _____

③ _____

3 녹음을 잘 듣고 아래의 내용이 맞으면 O, 틀리면 X 표시하세요.

TRACK_140

① 두 사람은 비행기를 타고 있습니다. ☐

② 출발지에서 하노이까지는 네 시간 걸립니다. ☐

③ 두 사람은 한 시간 후 하노이에 도착할 것입니다. ☐

4   다음 빈칸에 들어갈 알맞은 단어를 <보기>에서 골라 쓰세요.

> 보기   cho nên ⏐ nữa ⏐ chỉ ⏐ bằng ⏐ mất ⏐ thôi

Năm ngoái, tôi đã đi du lịch Sa Pa _____ xe lửa.

Từ Hà Nội đến Sa Pa bằng xe lửa _____ 8 tiếng.

Tháng 10 năm nay, tôi định đi Sa Pa một lần _____ .

Đi xe khách _____ mất 5 tiếng _____ .

_____ lần này tôi sẽ đi bằng xe khách.

5   그림을 보고 대화를 완성해 보세요.

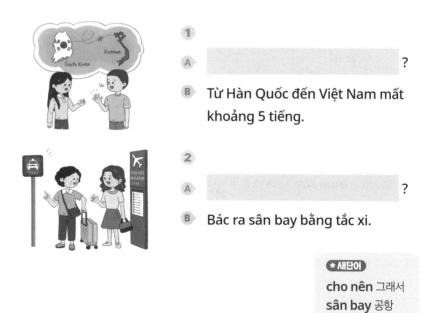

1
Ⓐ _____ ?

Ⓑ Từ Hàn Quốc đến Việt Nam mất
khoảng 5 tiếng.

2
Ⓐ _____ ?

Ⓑ Bác ra sân bay bằng tắc xi.

> ★ 새단어
>
> **cho nên** 그래서
> **sân bay** 공항

저는 갈 수 있어요.
Cháu có thể đi được.

회화 익히기1

학습 목표 ★ 가능과 불가능 여부를 묻고 답할 수 있습니다.

Hồng Tháng sau bác không thể tham gia triển lãm được.
다음 달에 나는 박람회에 참가를 못 해요.

Các cháu có thể đi được không?
자네들은 갈 수 있나요?

Hải Được ạ. Cháu đi được.
가능해요. 저는 갈 수 있습니다.

Jia Cháu cũng có thể đi được, sếp ạ!
저도 갈 수 있습니다, 사장님!

새 단어 **không thể** 콤 테 ~할 수 없다 ┃ **được** 드억 ⓗ (득 ⓢ) ~할 수 있다, 가능한 ┃ **tham gia** 탐 지아 ⓗ (야 ⓢ)
참가하다 ┃ **triển lãm** 찌엔 ⓗ (찡 ⓢ) 람 박람회, 전시회 ┃ **có thể** 꺼 테 ~할 수 있다

전 세계 커피 수출량 2위 국가 베트남!

베트남은 전 세계 커피 수출량 2위 국가인 만큼 일찍이 커피와 카페 문화가 발달했습니다. 베트남의 전통적인 커피 핀 (phin)을 비롯해 우리나라에도 진출한 콩 카페(Cà phê Cộng)의 코코넛 커피(cà phê cốt dừa), 하노이 카페 장(Cà phê Giảng)의 달걀 커피(cà phê trứng) 등이 유명합니다.

문화 21

 có thể ~할 수 있다

가능과 불가능 여부를 묻고 답할 때에는 có thể, không thể, được을 사용합니다. có thể는 서술어 앞에서 가능함을, không thể는 서술어 앞에서 불가능함을 나타냅니다. được은 동사 뒤에 위치하며 긍정문 뒤에서는 가능을, 부정문 뒤에서는 불가능을 나타냅니다. 또한 được은 목적어의 앞 뒤에 모두 위치할 수 있습니다. 따라서 의문문, 긍정문에서는 có thể와 được 중 하나를, 부정문에서는 부정어 không은 유지하되, thể와 được 중 하나를 생략할 수 있습니다.

의문문	주어 + có thể + 서술어 + được + không?	~은(는) ~할 수 있습니까?
긍정문	Được. 주어 + có thể + 서술어 + được.	네. ~은(는) ~할 수 있습니다.
부정문	Không (được). 주어 + không thể + 서술어 + được.	아니요. ~은(는) ~할 수 없습니다.

Ⓐ Anh chị có thể phát âm từ này được không? 여러분은 이 단어를 발음할 수 있나요?
= Anh chị có thể phát âm được từ này không?
= Anh chị có thể phát âm từ này không?
= Anh chị phát âm từ này được không?
= Anh chị phát âm được từ này không?

Ⓑ Được. Tôi có thể phát âm từ này được. 가능합니다. 저는 이 단어를 발음할 수 있습니다.
= Được. Tôi có thể phát âm được từ này.
= Được. Tôi có thể phát âm từ này.
= Được. Tôi phát âm từ này được.
= Được. Tôi phát âm được từ này.

Ⓒ Không được. Tôi không thể phát âm từ này được. 안 됩니다. 저는 이 단어를 발음할 수 없습니다.
= Không được. Tôi không thể phát âm được từ này.
= Không được. Tôi không thể phát âm từ này.
= Không được. Tôi không phát âm từ này được.
= Không được. Tôi không phát âm được từ này.

★새단어 **phát âm** 팓⑭ (팍⑭) 엄 발음하다

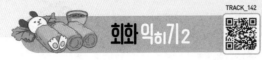

학습 목표 ⭐ 과거부터 현재까지, 현재부터 미래까지의 기간을 묻고 답할 수 있습니다.

Minh **Em học tiếng Việt được bao lâu rồi?**
너는 베트남어를 공부한 지 얼마나 오래 됐니?

Inho **Dạ, em học được gần 1 năm rồi ạ.**
저는 공부한 지 1년 가까이 되었습니다.

Minh **Ôi, chỉ thế (vậy) thôi à? Em nói sõi lắm!**
오, 그것 밖에 안 됐니? 너는 아주 정확하게 말하는구나!

Thế (Vậy) em định ở Việt Nam bao lâu nữa?
그러면 너는 베트남에 얼마나 더 오랫동안 있을 거니?

Inho **Em cũng không biết ạ. Vì em muốn xin việc ở Việt Nam.**
저도 모르겠어요. 왜냐하면 저는 베트남에서 일을 구하고 싶거든요.

 sõi 써이 확실한, 또렷한 | **xin việc** 씬 비엑 ⓗ (씽 빅 ⓗ) 구직하다

được … rồi 과거의 기간 묻고 답하기

과거의 기간을 묻고 답할 때에는 được … rồi 문형을 사용합니다. 기간 앞에 위치하는 được과 기간 뒤에 위치하는 rồi는 둘 다 '~되었다'라는 의미를 가지며 둘 중 하나만 사용해도 무방합니다.

질문	주어 + 동사 + được bao lâu rồi?	~은(는) ~한 지 얼마나 오래 되었습니까?
대답	주어 + 동사 + được + 기간 + rồi.	~은(는) ~한 지 ~ 되었습니다.

(A) Em đã lái xe bao lâu rồi? 너는 운전한 지 얼마나 오래 되었니?

(B) Mới được 1 tháng thôi ạ. 막 한 달 밖에 안 됐어요.

> ★ **Tip**
> 서술어 앞의 mới는 '겨우, 드디어, 비로소'라는 의미입니다.

 (trong) … nữa 미래의 기간 묻고 답하기

미래의 기간을 묻고 답할 때에는 (trong) … nữa 문형을 사용합니다. 기간 앞에 위치한 trong은 '동안'이라는 의미이며, 기간 뒤에 위치한 nữa는 '더'라는 의미를 가집니다.

질문	주어 + 동사 + trong bao lâu nữa?	~은(는) 얼마나 더 오랫동안 ~할 것입니까?
대답	주어 + 동사 + trong + 기간 + nữa.	~은(는) ~동안 더 ~할 것입니다.

(A) Anh sẽ du lịch ở Việt Nam trong bao lâu nữa?
오빠는 베트남에서 얼마나 더 오랫동안 여행을 할 거예요?

(B) Anh sẽ du lịch ở Việt Nam trong 1 tuần nữa.
오빠는 베트남에서 일주일 동안 더 여행할 거야.

(A) Kỳ thi còn bao lâu nữa? 시험 기간이 얼마나 더 남았나요?

(B) Chỉ còn 1 hôm nữa thôi. 겨우 하루 더 남았어요

★ **새단어** lái xe 라이 쌔 운전하다 | còn 껀 ⓗ (껑 ⓢ) 남다 | kỳ 끼 기간 | hôm 홈 날, 일

1 có thể … được không? ~할 수 있습니까?

Bạn 반 (하) (방 (오))	**có thể** 꺼 테	giúp mình 지웁 밍 (하) (윰 민 (오))	**được** **không?** 드억 콤 (하) (득 콤 (오))	너는 나를 도와줄 수 있니?
Em 앰		gọi lại cho chị 거이 라이 쪄 찌		언니에게 다시 전화를 걸어줄 수 있니?
Chị 찌		đổi chỗ 도이 쪼		누나가 자리를 바꿔 줄 수 있어요?

2 Được. … có thể … được 가능해요. ~할 수 있습니다

Được. 드억 (하) (득 (오))	Mình 밍 (하) (민 (오))	**có thể** 꺼 테	giúp bạn 지웁 반 (하) (윰 방 (오))	**được** 드억 (하) (득 (오))	가능해. 난 너를 도와줄 수 있어.
	Em 앰		gọi lại cho chị 거이 라이 쪄 찌		가능해요. 제가 언니에게 전화를 다시 걸 수 있어요.
	Chị 찌		đổi chỗ 도이 쪼		가능해요. 누나는 자리를 바꿔 줄 수 있어요.

3 Không được. … không thể … được 안 돼요. ~할 수 없습니다

Không **được.** 콤 드억 (하) (콤 득 (오))	Mình 밍 (하) (민 (오))	**không** **thể** 콤 테	giúp bạn 지웁 반 (하) (윰 방 (오))	**được** 드억 (하) (득 (오))	안 돼. 난 너를 도와줄 수 없어.
	Em 앰		gọi ngay 거이 응아이		안 돼요. 저는 바로 전화를 걸 수 없어요.
	Chị 찌		đi chỗ khác 디 쪼 칵		안 돼요. 누나는 다른 자리로 갈 수 없어요.

4 bao lâu ~한 지 ~되었습니다

Anh chị kết hôn được 아잉 찌 껠 혼 드억 (하) (안 찌 껙 홍 득 (오))	**bao lâu** 바오 러우	rồi? 조이 (하) (로이 (오))	두 분은 결혼한 지 얼마나 오래 되었나요?
Cô đã làm thương mại 꼬 다 람 트엉 (하) (통 (오)) 마이		rồi? 조이 (하) (로이 (오))	당신은 무역 일을 한 지 얼마나 오래 되었나요?
Con sẽ chơi game trong 껀 쌔 쩌이 갬 쩜 (하) (껑 쩌이 갬 쩜 (오))		nữa? 느어	너는 얼마나 더 게임을 할 거니?

Bài 21 단어 정리

문자	발음	의미
có thể	꺼 테	~할 수 있다
còn	껀 ⓗ (껑 ⓗ)	남다
được	드억 ⓗ (득 ⓗ)	~할 수 있다, 가능한
hôm	홈	날, 일
không thể	콤 테	~할 수 없다
kỳ	끼	기간
lái xe	라이 쌔	운전하다
phát âm	팥 ⓗ (팍 ⓗ) 엄	발음하다
sõi	써이	확실한, 또렷한
tham gia	탐 지아 ⓗ (야 ⓗ)	참가하다
triển lãm	찌엔 ⓗ (찡 ⓗ) 람	박람회, 전시회
xin việc	씬 비엑 ⓗ (씽 빅 ⓗ)	구직하다

1 녹음을 잘 듣고 빈칸에 들어갈 알맞은 단어를 쓰세요.

TRACK_145

① 참가하다 _____   ② 운전하다 _____

③ 구직하다 _____   ④ ~할 수 없다 _____

⑤ 남다 _____   ⑥ 확실한 _____

⑦ 전시회 _____   ⑧ 발음하다 _____

2 질문을 잘 듣고 자유롭게 대답해 보세요.

TRACK_146

① _____

② _____

③ _____

④ _____

3 녹음을 잘 듣고 아래의 내용이 맞으면 O, 틀리면 X 표시하세요.

TRACK_147

① 남자는 약속에 늦었습니다. ☐

② 여자는 10분 동안 기다렸습니다. ☐

③ 남자는 5분 후 도착할 것입니다. ☐

4 제시된 두 개의 단어 중 적절한 단어를 선택해 글을 완성해 보세요.

Tháng 8 năm ngoái, Chi đã sang Hàn Quốc **①** là / để học.
Bây giờ là **②** 7 tháng / tháng 7 .
Chi đã sống ở Hàn Quốc đúng 1 năm **③** rồi / nữa .
Lúc đầu, Chi chỉ biết **④** một chút / một người tiếng Hàn thôi.
Nhưng mỗi ngày, Chi học tiếng Hàn rất **⑤** đi bộ / chăm chỉ .
Chi học 4 tiếng ở trường.
Về nhà cũng ôn lại trong **⑥** 4 tiếng / 4 cái .
Bây giờ, Chi nghe và nói tiếng Hàn khá giỏi.

5 그림을 보고 대화를 완성해 보세요.

①

Ⓐ _____ ?

Ⓑ Được. Em hỏi gì?

②

Ⓐ _____ ?

Ⓑ Em làm việc ở công ty này được 2 năm rưỡi rồi ạ.

★ 새단어

lúc đầu 처음, 최초 | **một chút** 조금, 약간 | **ôn** 복습하다

Bài 22

한국에 자주 가세요?
Chị có hay về Hàn Quốc không?

회화 익히기1

TRACK_148

학습 목표 ★ 빈도 부사를 학습합니다.

Hải	**Chị có hay về Hàn Quốc không?** 지아 씨는 한국에 자주 돌아가세요?
Jia	**Không. Chị ít khi về Hàn Quốc.** 아니요. 저는 한국에 잘 안 가요.
	Chị thường đi du lịch khi có thời gian. 시간 있을 때 저는 보통 여행을 가요.
	Còn em hay về quê không? 당신은 고향에 자주 돌아가세요?
Hải	**Có. Em thường xuyên về thăm gia đình ạ.** 네. 저는 수시로 가족을 보러 가요.
	Quê em gần đây thôi. 제 고향은 가까워요.

hay 하이 자주 | **ít khi** 잍 ⓗ (익 ⓢ) 키 ~할 때가 적다, 드물게 | **thường xuyên** 트엉 쑤이엔 ⓗ (틍 쑤잉 ⓢ) 자주, 규칙적으로

베트남의 콩쥐팥쥐 떰깜!

프랑스에 신데렐라, 우리나라에 콩쥐팥쥐가 있다면 베트남에는 떰 깜(Tấm Cám)이 있습니다. 착한 심성을 가진 Tấm이 새어머니와 이복동생 Cám에게 구박받으며 고된 나날을 보내다 여러 동물들과 부처의 도움으로 왕자와 결혼하여 행복하게 살게 된다는 권선징악의 내용을 담고 있습니다.

문화 22

 hay 자주

hay는 '자주, ~하는 편이다'라는 의미의 빈도부사입니다. 빈도부사란 어떠한 일이 얼마나 자주 일어나는지 나타내는 부사로 공통적으로 모두 서술어의 앞에 위치합니다. 단, 일부 빈도부사는 상황에 따라 문장의 맨 앞이나 뒤에 올 수도 있습니다.

빈도부사	의미	위치
không bao giờ	절대, 결코	서술어 앞
ít khi, hiếm khi	드물게, ~할 때가 적다, 거의 ~하지 않는다	문장 맨 앞 혹은 서술어 앞
thỉnh thoảng, đôi khi	가끔씩, 때때로	문장 맨 앞 혹은 서술어 앞
thường	보통	서술어 앞
thường xuyên	빈번하게, 반복적으로	서술어 앞 혹은 문장 맨 뒤
hay	자주	서술어 앞
luôn luôn	항상	서술어 앞

예 Bạn ấy không bao giờ nói dối. 그 친구는 절대로 거짓말하지 않아요.

Tôi ít khi uống rượu. 저는 술을 잘 안 마셔요.

Thỉnh thoảng, tôi đi cửa hàng đồ cũ. 저는 가끔씩 중고 상점에 가요.

Anh thường đi tập vào buổi tối. 형은 보통 저녁에 운동하러 가.

Con mèo này đến nhà tôi thường xuyên. 이 고양이는 수시로 우리 집에 와요.

Em hay mua sắm trực tuyến. 저는 자주 온라인 쇼핑을 해요.

Giám đốc tôi luôn luôn bận việc. 우리 사장님은 항상 일이 바쁘세요.

★새단어 nói dối 너이 조이 ⓗ (요이 ⓢ) 거짓말하다 | rượu 즈어우 ⓗ (르우 ⓢ) 술 | đồ 도 물건 | đồ cũ 도 꾸 중고품 | trực tuyến 쯕 뚜이엔 ⓗ (쯕 뚜잉 ⓢ) 온라인

TRACK_149

학습 목표 ★ 시점을 나타내는 다양한 부사를 학습합니다.

Lan	Sau khi tốt nghiệp, các em sẽ làm gì? 졸업한 후에 너희들은 뭐 할 거니?
Mai	Em định đi du học Mỹ sau khi tốt nghiệp. 저는 졸업 후에 미국 유학을 가기로 했어요. Vì thế (vậy), em hay tập nói tiếng Anh khi có thời gian. 그래서 시간이 있을 때 저는 영어 말하기 연습을 자주 해요.
Inho	Em muốn lấy chứng chỉ tiếng Việt trước khi tốt nghiệp ạ. 저는 졸업하기 전에 베트남어 자격증을 따고 싶어요. Sau đó em sẽ xin việc ở Việt Nam. 그 후에 저는 베트남에서 구직을 할 거예요.

 sau khi 싸우 키 ~한 후에 | **tốt nghiệp** 똗 응이엡⑯ (똑 응입⑧) 졸업하다 | **lấy** 러이 얻다, 챙기다 | **chứng chỉ** 쯩 찌 자격증 | **trước khi** 쯔억 키 ~하기 전에

 khi ~할 때

khi는 '~할 때'라는 의미로 반드시 서술어나 지시형용사 앞에 위치해야 합니다.

예 Khi rảnh, tôi thường đi dạo ở công viên. 한가할 때 저는 보통 공원에서 산책합니다.

Tôi không nghe máy khi làm việc. 저는 일할 때 전화를 받지 않습니다.

아래의 부사들과 함께 쓰이는 khi는 다양한 시점을 나타내며, 항상 서술어 앞에 위치합니다.

trước khi	trong khi	sau khi	mỗi khi
~하기 전에	~하는 동안	~한 후에	~할 때마다

예 Em xem thời sự trước khi đi làm. 저는 출근하기 전에 뉴스를 봅니다.

Tôi thường nghe nhạc trong khi học bài. 저는 공부하는 동안 보통 음악을 듣습니다.

Sau khi tan làm, tôi sẽ đi gặp bạn. 퇴근한 후에 저는 친구를 만나러 갈 것입니다.

Mỗi khi ăn hoa quả (trái cây), tôi chấm muối ăn.

과일을 먹을 때마다 저는 소금에 찍어 먹습니다.

 sau đó 그 후에

'그 후에'라는 의미의 sau đó를 비롯해 아래의 단어들은 시점을 나타내는 부사들입니다.

trước đây	이전에, 예전에	trước đó, trước đấy	그 전에
sau đây	이후에, 이 다음	trong đó, trong đấy	그 중에
		sau đó, sau đấy	그 후에

예 Trước đây, tôi từng học ở trường này. 예전에, 저는 이 학교에서 공부했었습니다.

Tôi ăn bánh mì. Sau đó, uống trà chanh. 저는 반미를 먹습니다. 그 후에 레몬차를 마십니다.

Anh viết thông tin vào chỗ trống sau đây. 다음 빈칸에 정보를 쓰세요.

Trên giá sách có nhiều loại sách. Trong đó, có cả sách tiểu thuyết.

책장 위에 많은 종류의 책이 있습니다. 그 중에는 소설 책도 있습니다.

TRACK_150

1 không bao giờ, ít khi ··· 절대로, 거의

Tôi 또이	không bao giờ 콤 바오 지어 ⓗ (여 ⓞ)	muộn học 무온 헙 ⓗ (뭉 헙 ⓞ)	저는 절대로 수업에 늦지 않습니다.
	ít khi 읻 ⓗ (익 ⓞ) 키		저는 거의 수업에 늦지 않습니다.
	hiếm khi 히엠 ⓗ (힘 ⓞ) 키		저는 거의 수업에 늦지 않습니다.
	đôi khi 도이 키		저는 가끔씩 수업에 늦습니다.
	thỉnh thoảng 팅 ⓗ (틴 ⓞ) 토앙		저는 가끔씩 수업에 늦습니다.
	thường 트엉 ⓗ (틍 ⓞ)		저는 보통 수업에 늦습니다.
	thường xuyên 트엉 쑤이 엔 ⓗ (틍 쑤잉 ⓞ)		저는 빈번하게 수업에 늦습니다.
	hay 하이		저는 자주 수업에 늦습니다.
	luôn luôn 루온 루온 ⓗ (롱 롱 ⓞ)		저는 항상 수업에 늦습니다.

2 khi, trước khi ··· ~할 때, ~하기 전에

Khi 키	làm việc 람 비엑 ⓗ (빅 ⓞ)	tôi nghe nhạc 또이 응애 냑	일을 할 때 저는 음악을 듣습니다.
Trước khi 쯔억 키		tôi kiểm tra lịch trình 또이 끼엠 짜 릭 찡 ⓗ (또이 낌 짜 릳 찐 ⓞ)	일을 하기 전에 저는 일정을 확인합니다.
Trong khi 쩜 키		tôi sẽ không ăn 또이 쌔 콤 안 ⓗ (앙 ⓞ)	일을 하는 동안 저는 먹지 않습니다.
Sau khi 싸우 키		tôi nghỉ ngơi 또이 응이 응어이	일을 한 후에 저는 쉽니다.
Mỗi khi 모이 키		tôi uống cà phê 또이 우옹 ⓗ (웅 ⓞ) 까 페	일을 할 때마다 저는 커피를 마십니다.

★새단어 lịch trình 릭 찡 ⓗ (릳 찐 ⓞ) 일정 | nghỉ ngơi 응이 응어이 쉬다

Bài 22 단어정리

TRACK_151

문자	발음	의미
chứng chỉ	쯩 찌	자격증
đồ	도	물건
đồ cũ	도 꾸	중고품
hay	하이	자주
ít khi	읻⒣ (익⒪) 키	~할 때가 적다, 드물게
lấy	러이	얻다, 챙기다
lịch trình	릭 찡⒣ (릳 찐⒪)	일정
nghỉ ngơi	응이 응어이	쉬다
nói dối	너이 조이⒣ (요이⒪)	거짓말하다
rượu	즈어우⒣ (르우⒪)	술
tốt nghiệp	똗 응이엡⒣ (똑 응입⒪)	졸업하다
thường xuyên	트엉 쑤이엔⒣ (틍 쑤잉⒪)	자주, 규칙적으로
trực tuyến	쯕 뚜이엔⒣ (뚜잉⒪)	온라인
trước khi	쯔억 키	~하기 전에

1 녹음을 잘 듣고 빈칸에 들어갈 알맞은 단어를 쓰세요.

TRACK_152

① 자격증 _____ ② 거짓말하다 _____

③ 드물게 _____ ④ 중고품 _____

⑤ ~하기 전에 _____ ⑥ 졸업하다 _____

⑦ 일정 _____ ⑧ 쉬다 _____

2 질문을 잘 듣고 자유롭게 대답해 보세요.

TRACK_153

① _____

② _____

③ _____

3 녹음을 잘 듣고 아래의 내용이 맞으면 O, 틀리면 X 표시하세요.

TRACK_154

① 여자는 요즘 주말에 일찍 일어납니다. ☐

② 여자는 주말에 집에만 머무릅니다. ☐

③ 여자는 남자와 같이 테니스를 합니다. ☐

4 제시된 두 개의 단어 중 적절한 단어를 선택해 글을 완성해 보세요.

> Tôi ❶ chưa / luôn luôn thức dậy lúc 7 giờ sáng.
> ❷ Trước khi / Trong khi đi làm, tôi tắm và ăn sáng.
> ❸ Vào / Khi buổi sáng, tôi làm việc từ 8 giờ 30 đến 12 giờ.
> Tôi ❹ thường / không bao giờ đi ăn trưa với đồng nghiệp.
> Chúng tôi rất thích ăn món ngon.
> Tôi thường tan làm ❺ lúc / khi 5 giờ 30.
> ❻ Sau khi / Trong đây tan làm, tôi đi tập Yoga 1 tuần 3 lần.
> Tôi thường đi ngủ lúc 12 giờ đêm.

5 그림을 보고 대화를 완성해 보세요.

❶

 Em có hay ngủ trưa không?

Ⓑ _____ .

❷

Ⓐ Khi ăn cơm, người Hàn thường dùng gì?

Ⓑ _____ .

> ★ 새단어
>
> **ngủ trưa** 낮잠을 자다
> **dùng** 사용하다

Bài 23

얼마예요?
Bao nhiêu tiền?

 TRACK_155

학습 목표 ★ 가격을 묻고 답하며, 명령문을 말할 수 있습니다.

Jia	**Anh ơi, vải và chuối này bao nhiêu tiền ạ?** 저기요, 이 리치랑 바나나는 얼마예요?
상인	**Vải 30.000 đồng một cân (ký).** 리치는 1kg에 3만 동이에요. **Còn chuối 20.000 đồng một nải, em ạ.** 그리고 바나나는 한 송이에 2만 동이에요, 손님.
Jia	**Thế (Vậy) em mua nửa cân (ký) vải và một nải chuối.** 그러면 저 리치 반 kg이랑 바나나 한 송이 살게요. **Anh giảm giá cho em đi ạ!** 깎아주세요!
상인	**Được. Anh bớt 5.000 cho em.** 그래요. 손님에게 5천 동 깎아드릴게요.

 vải 바이 리치 ㅣ **chuối** 쭈오이 ⓗ (쭈이 ⓗ) 바나나 ㅣ **cân (ký)** 껀 ⓗ (끼 ⓗ) kg ㅣ **nải** 나이 송이, 다발 ㅣ **nửa** 느어 절반 ㅣ **giảm giá** 지암 지아 ⓗ (얌 야 ⓗ) 할인하다 ㅣ **đi** 디 ~해라, 하자 ㅣ **bớt** 벗 ⓗ (벅 ⓗ) (가격을) 깎다

베트남의 열대 과일!

· 용과(thanh long): 용의 여의주를 닮았다고 하여 용과라 불리며, 6~8월에 먹으면 가장 달고 맛있습니다.

· 패션프루트(chanh leo / chanh dây) : 자줏빛 껍질 속에 까만 씨들이 노란 과육으로 둘러 쌓여 있으며, 새콤한 맛과 쫄깃한 과육, 씨를 오독오독 씹는 식감이 좋아 음료나 디저트에 많이 사용됩니다.

문화 23

bao nhiêu tiền (ạ)? 얼마예요?

가격을 물어볼 때에는 수사 겸 의문사 bao nhiêu tiền (ạ)?를 사용합니다. 가격을 대답할 때에는 편의상 화폐 단위 đồng, 천 단위 nghìn / ngàn 등을 생략하고 말하는 경우가 많습니다.

질문	주어 + bao nhiêu + tiền? 주어 + giá + bao nhiêu?	~은(는) 얼마입니까?
대답	주어 + 가격 + đồng.	~은(는) ~동입니다.

Ⓐ Cái áo này bao nhiêu tiền? 이 옷은 얼마예요?

Ⓑ Cái áo đó 100.000 đồng. 그 옷은 10만 동입니다.

Ⓐ Còn quần kia giá bao nhiêu? 그러면 저 바지는 얼마예요?

Ⓑ Quần kia 250.000. 저 바지는 25만(동)입니다.

Ⓐ Thịt bò này bao nhiêu một cân ^해 (ký ^호)? 이 소고기는 1kg에 얼마예요.

Ⓑ 100.000 một cân ^해 (ký ^호) ạ. 1kg에 10만(동)입니다.

đi ~해라, ~하자

명령, 제안, 권유 등의 의미를 지니는 đi는 동사 문장의 끝에 쓰여 반말의 느낌을 나타냅니다. 2인칭에게 말할 때에는 '~해라', 1인칭 복수로 쓰일 때에는 '~하자'라는 의미가 됩니다.

예 Con về nhà sớm đi. 너 집에 일찍 와.

Chúng ta đi mua sắm đi. 우리 쇼핑하러 가자.

한편, 명령, 제안, 권유 등의 의미를 지니는 hãy는 동사 문장의 앞에 쓰이며, 주어에 따라 '~합시다, ~하십시오'라는 의미를 나타냅니다. 공식적이거나 업무적인 상황에 주로 쓰이며, 'hãy + 동사 문장 + đi'의 형태로도 쓸 수 있습니다.

예 Anh hãy giới thiệu bản thân đi. 자기소개를 해주세요.

Mọi người hãy suy nghĩ kỹ trước khi trả lời. 모두들 대답하기 전에 신중히 생각해 주세요.

회화 익히기2

학습 목표 ★ cho의 다양한 용법을 학습합니다.

Jia
Anh ơi, **cho** em một cân (ký) xoài này.
저기요, 저에게 이 망고 1kg 주세요.

상인
Mùa này xoài không ngon đâu.
지금 철에는 망고가 맛이 없어요.

Em ăn thanh long cho mát đi!
시원하게 용과를 드세요!

Jia
Thanh long giá bao nhiêu ạ?
용과는 가격이 얼마예요?

상인
Một cân (ký) 20.000 đồng thôi.
1kg에 2만 동밖에 안 해요.

Jia
Rẻ thế (vậy)! Thế (Vậy) cho em hai cân (ký).
엄청 싸네요! 그럼 2kg 주세요.

상인
Cảm ơn em! Cho anh gửi.
고마워요! 여기요.

 mùa 무어 철, 계절 | **thanh long** 타잉 ⓗ (탄 ⓢ) 럼 용과 | **cho** 쩌 ~해지도록, ~로 하여금, 주다

 cho의 다양한 용법

cho는 문장 내 위치와 품사에 따라 네 가지 의미가 있습니다.

품사	① 전치사	② 전치사	③ 동사	④ 사역동사
의미	~에게, ~을 위해 (= to, for)	~하게(= to be)	주다(= give)	~로 하여금(= let)
쓰임	동사 + cho + 대상 ⇨ ~에게 ~해 주세요	동사 + cho + 형용사 ⇨ ~해지도록 ~해요, ~해지게 ~해요	cho + 대상 + 명사 ⇨ ~에게 ~를 주다, 주세요	cho + 대상 + 동사 ⇨ 대상으로 하여금 ~하게 하다, 대상이 ~하겠습니다

① 전치사(~에게, ~을 위해)

Anh gọi điện cho Inho. 형은 인호에게 전화를 걸어 주세요.
Thầy Minh dạy tiếng Việt cho em. 밍 선생님께서 저에게 베트남어를 가르쳐 주세요.

② 전치사(~하게)

Em bật điều hòa ⓗ (máy lạnh ⓢ) cho mát đi. 시원해지도록 에어컨을 켜.

Mình xem phim này cho vui đi. 우리 재미삼아(즐거워지도록) 이 영화를 보자.

> ★Tip 친한 사이에는 '우리'라는 의미의 chúng mình을 줄여서 mình이라고 말할 수 있습니다.

③ 동사(주다)

Cho tôi một chai bia. 저에게 맥주 한 병 주세요.
Chị cho em một suất cơm rang ⓗ (chiên ⓢ). 언니, 저에게 볶음밥 1인분 주세요.
                                           언니가 너에게 볶음밥 1인분 줄게.

④ 사역동사(~로 하여금)

Cho tôi xem cái này. 저에게 이것을 보도록 해 주세요 (보여 주세요).
Bác cho cháu hỏi một chút. 아저씨, 제가 질문 좀 하게 해 주세요 (여쭤보겠습니다).

★새단어 **bia** 비어 맥주 | **chai** 짜이 병 | **suất** 쑤엇 ⓗ (쑥 ⓢ) ~인분 | **rang (chiên)** 장 ⓗ (찡 ⓢ) 볶다, 튀기다 |
điều hòa (máy lạnh) 디에우 호아 ⓗ (마이 란 ⓢ) 에어컨 | **mát** 맏 ⓗ (막 ⓢ) 시원한

패턴 익히기

TRACK_157

1 hãy ··· đi ~해 주세요

Anh 아잉 ⓗ (안 ⓗ) Mọi người 머이 응으어이 ⓗ (응으이 ⓗ)	hãy 하이	tắt điện 딷 디엔 ⓗ (딱 딩 ⓗ) nộp hồ sơ 놉 호 써 trật tự 쩓 뜨 ⓗ (쩍 뜨 ⓗ)	đi 디	불을 꺼 주세요. 서류를 제출하세요. 모두들 질서를 지켜 주세요. (조용히 해 주세요)

2 cho ~주다(동사)

Anh 아잉 ⓗ (안 ⓗ) Con 껀 ⓗ (껑 ⓗ)	cho 쩌	em cái này 앰 까이 나이 em 1 cái bút chì 앰 묃 까이 붇 찌 ⓗ (앰 목 까이 북 찌 ⓗ) mẹ cái bát 매 까이 받 ⓗ (박 ⓗ)	형이 너에게 이것 줄게. 나에게 연필 하나 줘요. 형이 너에게 연필 하나 줄게. 엄마에게 그 그릇 줘. 제가 엄마께 그 그릇 드릴게요.

3 cho ~로 하여금(사역동사)

Chị 찌 Bố (Ba) 보 ⓗ (바 ⓗ) Em 앰	cho 쩌	em xem menu 앰 쌤 매누 con đi chơi 껀 ⓗ (껑 ⓗ) 디 쩌이 chị mượn sách này 찌 므언 싸익 나이 ⓗ (찌 믕 싿 나이 ⓗ)	저에게 메뉴 좀 보여 주세요. 내가 너에게 메뉴를 보여 줄게. 저 놀러가게 해 주세요. 아빠가 너 놀러가게 해 줄게. 언니한테 이 책 좀 빌려줘. 제가 언니한테 이 책 빌려드릴게요.

4 cho ~하게(전치사)

Phơi áo 퍼이 아오 Con ăn nhiều rau 껀 안 니에우 자우 ⓗ (껑 앙 니우 라우) ⓗ Em dọn phòng 앰 전 ⓗ (연 ⓗ) 펑	cho 쩌	khô 코 khỏe 코애 sạch 싸익 ⓗ (싿 ⓗ)	옷이 마르도록 널다. 너는 건강해지도록 채소를 많이 먹어라. 저는 건강해지도록 채소를 많이 먹어요. 너는 깨끗해지도록 방을 청소해라. 저는 깨끗해지도록 방을 청소해요.

Bài 23 단어정리

TRACK_158

문자	발음	의미
bia	비어	맥주
bớt	벋 ⓗ (벅 ⓞ)	(가격을) 깎다
cân	껀 ⓗ	kg
chai	짜이	병
chiên	찡 ⓞ	볶다, 튀기다
cho	쩌	~해지도록, ~로 하여금, 주다
chuối	쭈오이 ⓗ (쭈이 ⓞ)	바나나
đi	디	~해라, ~하자
điều hòa	디에우 호아 ⓗ	에어컨
giảm giá	지암 지아 ⓗ (얌 야 ⓞ)	할인하다
ký	끼 ⓞ	kg
mát	맏 ⓗ (막 ⓞ)	시원한
máy lạnh	마이 란 ⓞ	에어컨
mùa	무어	철, 계절
nải	나이	송이, 다발
nửa	느어	절반
rang	장 ⓗ	볶다, 튀기다
suất	쑤얻 ⓗ (쑥 ⓞ)	~인분
thanh long	타잉 ⓗ (탄 ⓞ) 럼	용과
vải	바이	리치

연습 문제

1 녹음을 잘 듣고 빈칸에 들어갈 알맞은 단어를 쓰세요.

TRACK_159

① 볶다 _____　② 송이, 다발 _____

③ 바나나 _____　④ 시원한 _____

⑤ (가격을) 깍다 _____　⑥ 계절 _____

⑦ ~인분 _____　⑧ 할인하다 _____

2 질문을 잘 듣고 자유롭게 대답해 보세요.

TRACK_160

① _____

② _____

③ _____

3 녹음을 잘 듣고 아래의 내용이 맞으면 O, 틀리면 X 표시하세요.

TRACK_161

① 귤은 1kg당 9만 동입니다. ☐

② 남자는 귤을 2kg 삽니다. ☐

③ 여자는 귤 가격을 깎아주지 않았습니다. ☐

4 다음 단어들을 조합하여 올바른 순서대로 나열하세요.

① 형, 제가 이 USB를 열어보게 해 주세요.

anh / USB / mở / này / em / cho / cái

_____ .

② 동생아, 언니를 위해서 불을 꺼 줘.

điện / tắt / chị / đi / cho / em

_____ .

③ 형, 그 자료를 확인해 보세요.

anh / đi / tài liệu / kiểm tra / đó / hãy

_____ .

5 그림을 보고 대화를 완성해 보세요.

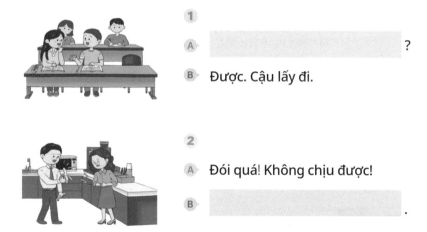

①

Ⓐ _____ ?

Ⓑ Được. Cậu lấy đi.

②

Ⓐ Đói quá! Không chịu được!

Ⓑ _____ .

★새단어

mở 열다 ǀ tài liệu 자료 ǀ chịu 견디다

Bài 24

늦으면 안 돼요.
Chị không được đến muộn.

TRACK_162

Siêu thị 123

TAXI

12A-XXX.XX

학습 목표 ★충고, 의무, 권유, 청유 표현을 학습합니다.

기사 **Chào em. Em đi đâu?**
안녕하세요. 어디 가세요?

Inho **Chào anh ạ. Em muốn đi siêu thị 123.**
안녕하세요. 저는 123 마트에 가고 싶어요.

Anh đi qua đường Giải Phóng nhé (nha).
지아이 펌 (Giải Phóng) 길을 지나서 가 주세요.

기사 **Bây giờ là giờ cao điểm. Chúng ta nên đi lối khác.**
지금은 러시아워예요. 우리는 다른 길로 가는 게 좋아요.

Anh đi qua đường tắt nhé (nha)?
지름길로 지나갈까요?

새 단어 **qua** 꾸아 지나다, 지나가다 | **nhé (nha)** 내 ⓗ (냐 ⓢ) ~해요, ~할까요 | **giờ cao điểm** 지어 까오 디엠 ⓗ (여 까오 딤 ⓢ) 러시아워 | **nên** 넨 ⓗ (넹 ⓢ) ~하는 게 좋다 | **lối** 로이 길, 경로 | **đường tắt** 드엉 땃 ⓗ (등 딱 ⓢ) 지름길

베트남의 택시!
베트남의 택시 요금은 중형(4인승), 대형(7인승) 등 차량의 종류, 그리고 지역별, 택시 회사별로 요금이 상이합니다.
베트남의 가장 유명하고 안전한 택시 회사로는 마이 린(Mai Linh)과 비나 선(Vina Sun)이 있습니다. 또한 우리나라처럼
전화나 어플로 쉽게 택시를 부를 수 있습니다.

문화 24

nhé (nha) 권유, 청유 표현

• nhé (nha)는 문장 끝에 쓰여 부드럽고 친근한 어감의 권유문과 청유문을 만들 수 있습니다. 주어의 인칭에 따라 의미가 달라집니다.

인칭	1인칭	1인칭 복수	2인칭
의미	제가 ~할게요	(청유) 우리 ~ 할까요?, ~해요	(권유) 당신이 ~하세요, ~하렴
예문	Em chào anh nhé. 제가 오빠께 인사할게요.	Chúng ta uống cà phê nhé? 우리 커피 마실까요?	Em về nhé. 잘가렴.

• nhé (nha)는 앞서 학습한 hãy, đi, phải, nên 등의 명령문, 의문문 등과 결합하여 더 부드러운 어조의 표현을 할 수 있습니다.

> 예 **Các em hãy nghe kỹ đi nhé.** 너희들 신중히 들으렴.
>
> **Chị hãy đến đúng giờ nhé.** 언니, 정시까지 와 주세요.

nên 충고 표현

• '~하는 게 좋다'라는 충고 표현을 할 때에는 nên + 동사 형태를 사용합니다. 한편 nên은 Vì A nên B 형태로 쓰여 'A 그래서 B하다'라는 의미의 접속사 역할로 쓰이기도 합니다.

> 예 **Để gửi bưu phẩm, chị nên đi bưu điện.**
> 소포를 보내기 위해서, 언니는 우체국에 가는 게 좋겠어요.
>
> **Vì vội nên chị quên mang ví.** 급해서 언니는 지갑 가져오는 것을 잊어버렸어.

• '~해야 한다'라는 의무 표현을 할 때에는 phải + 동사 형태를 사용합니다. 한편 phải는 '오른쪽, 옳은'이라는 형용사 의미도 있습니다.

> 예 **Em phải ở nhà để nhận bưu phẩm.** 너는 소포를 받기 위해 집에 있어야 해.
>
> **Bưu điện ở bên phải ngân hàng.** 우체국은 은행 오른편에 있어.
>
> **Đây có phải là hộ chiếu của anh không?** 이것은 당신의 여권이 맞습니까?

★새단어 **đúng giờ** 둠 지어 ⓗ (여 ⓢ) 정시 | **bưu phẩm** 브우 펌 소포 | **vội** 보이 급한, 서두르다 | **quên** 꾸엔 ⓗ (꾸엥 ⓢ) 잊다 | **mang** 망 가져오다, 가져가다, 지니다 | **ví** 비 지갑 | **hộ chiếu** 호 찌에우 ⓗ (호 찌우 ⓢ) 여권

TRACK_163

학습 목표 ★ 다양한 금지 표현을 학습합니다.

Jia
Muộn (trễ) rồi! Chị phải gọi tắc xi thôi.
늦었어요! 택시를 불러야겠어요.

Hải
Bây giờ tắc đường (kẹt xe) nhiều lắm!
지금 길이 엄청 막혀요!

Chị không nên gọi tắc xi.
택시는 안 타는 게 좋아요.

Jia
Nhưng chị không được đến muộn (trễ).
하지만 늦게 도착하면 안 돼요.

Hải
Chị đừng lo. Đi xe ôm nhanh lắm!
걱정하지 마세요. 오토바이 택시를 타면 아주 빨라요!

Em bắt xe ôm cho chị nhé (nha).
제가 지아 씨한테 오토바이 택시를 잡아 드릴게요.

Jia
Ồ, cảm ơn em nhé (nha)!
오, 고마워요!

bắt 받 ⓗ (박 ⓢ) 잡다 | **tắc xi** 딱 씨 택시 | **không nên** 콤 넨 ⓗ (넹 ⓢ) ~하지 않는 것이 좋다 | **đừng** 등 -하지 마라 | **lo** 러 걱정하다 | **xe ôm** 쌔 옴 오토바이 택시

 không nên, không được, đừng 다양한 금지 표현

'~하지 않는 것이 좋다, ~하면 안 된다, ~하지 마라'라는 의미의 금지, 당부, 충고를 나타내는 không nên, không được, đừng 등은 대체적으로 동사 앞에 위치합니다.

	의미	위치
không nên	~하지 않는 게 좋다, ~하면 안 된다	동사
không được	~하면 안 된다	동사 앞
đừng	~하지 마라	동사 앞
xin đừng	~하지 마세요, ~하지 말아 주세요	동사 앞
cấm	~을(를) 금지하다	동사, 명사 앞

예 Anh không nên tin người đó. 그 사람 안 믿는 게 좋아요.

Các em không được vào đây. 너희들 여기 들어가면 안 돼.

Em đừng nói khoác! 너 허풍떨지 마!

Xin đừng giận nhé. 화내지 말아 주세요.

Cấm đỗ xe 주차 금지

★새단어 tin 띤(ⓗ)(띵ⓢ) 믿다 | nói khoác 너이 쾌악 허풍떨다, 으스대다 | giận 지언(ⓗ)(영ⓢ) 화내다

1 nên ~하는 게 좋다 / phải ~해야 한다

Chú 쭈		cẩn thận 껀 턴 ⓗ(껑 텅 ⓗ)	조심하시는 게 좋아요.
Anh 아잉 ⓗ(안 ⓗ)	**nên** 넨 ⓗ(넹 ⓗ)	tha thứ cho em ấy 타 트 쩌 앰 어이	형은 그 애를 용서해 주는 게 좋겠어요.
Em 앰		xin lỗi 씬 ⓗ(씽 ⓗ) 로이	너는 사과하는 게 좋겠어.
Em 앰	**phải** 파이	lau cửa sổ 라우 끄어 쏘	너는 창문을 닦아야 해.
Mọi người 머이 응으어이		đội mũ bảo hiểm (đội nón bảo hiểm) 도이 무 바오 히엠 ⓗ(도이 넝 바오 힘 ⓗ)	모두 헬멧을 써야 합니다.

2 nhé (nha) ~해요

Mai 마이		내일 봐요.
Mình về 밍 베	**nhé** 내 ⓗ **(nha** 냐 ⓗ**)**	나 갈게. 우리 돌아가자.
Em cố gắng học 앰 꼬 강 헙		너 열심히 공부하렴.

3 không nên, không được ··· 금지 표현

Chị 찌	**không nên** 콤 넨 ⓗ(넹 ⓗ)	làm như thế (vậy) 람 니으 테 ⓗ(버이 ⓗ)	그렇게 하지 않는 것이 좋습니다.
Anh chị 아잉 ⓗ(안 ⓗ) 찌	**không được** 콤 드억 ⓗ(득 ⓗ)	hút thuốc ở đây 훌 투옥 ⓗ(혹 툭 ⓗ) 어 더이	여러분, 여기서 흡연하면 안 됩니다.
Các em 깍 앰	**đừng** 등	nói sau lưng 너이 싸우 릉	너희들 뒷말하지 마라.
Mọi người 머이 응으어이 ⓗ(응으이 ⓗ)	**xin đừng** 씬 ⓗ(씽 ⓗ) 등	làm khách 람 카익 ⓗ(칸 ⓗ)	사양하지 말아 주세요.

Bài 24 단어 정리

문자	발음	의미
bắt	받ⓗ (박ⓞ)	잡다
bưu phẩm	브우 펌	소포
đừng	등	~하지 마라
đúng giờ	둠 지어ⓗ (여ⓞ)	정시
đường tắt	드엉 딷ⓗ (등 딱ⓞ)	지름길
giận	지언ⓗ (영ⓞ)	화내다
giờ cao điểm	지어 까오 디엠ⓗ (여 까오 딤ⓞ)	러시아워
hộ chiếu	호 찌에우ⓗ (찌우ⓞ)	여권
không nên	콤 넨ⓗ (넹ⓞ)	~하지 않는 것이 좋다
lo	러	걱정하다
lối	로이	길, 경로
mang	망	가져오다, 가져가다, 지니다
nên	넨ⓗ (넹ⓞ)	~하는 게 좋다
nói khoác	너이 코악	허풍떨다, 으스대다
nhé (nha)	내ⓗ (냐ⓞ)	~해요, ~할까요
qua	꾸아	지나다, 지나가다
quên	꾸엔ⓗ (꾸엠ⓞ)	잊다
tắc xi	딱 씨	택시
tin	띤ⓗ (띵ⓞ)	믿다
ví	비	지갑
vội	보이	급한, 서두르다
xe ôm	쌔 옴	오토바이 택시

연습 문제

1 녹음을 잘 듣고 빈칸에 들어갈 알맞은 단어를 쓰세요.

TRACK_166

① 여권 _____   ② ~하면 안 된다 _____

③ 화내다 _____   ④ 믿다 _____

⑤ 허풍떨다 _____   ⑥ 지갑 _____

⑦ 택시 _____   ⑧ 지나다 _____

2 질문을 잘 듣고 자유롭게 대답해 보세요.

TRACK_167

① _____

② _____

③ _____

3 녹음을 잘 듣고 아래의 내용이 맞으면 O, 틀리면 X 표시하세요.

TRACK_168

① 여자는 전화 통화 중입니다.　　　　□

② 이 곳은 전화 사용 금지 구역입니다.　　　　□

③ 여자는 남자에게 전화를 끄라고 말했습니다.　　　　□

4 다음 단어들을 조합하여 올바른 순서대로 나열하세요.

① 우리 저녁 먹으러 가요.

ăn / đi / chúng ta / nhé / tối / đi

_____.

② 외출할 때 너는 마스크를 써야 해.

phải / ngoài / đeo / ra / con / khẩu trang / khi / đi

_____.

③ 이 수도꼭지는 사용하면 안 됩니다.

nên / sử dụng / này / vòi nước / không

_____.

5 그림을 보고 대화를 완성해 보세요.

①

Ⓐ _____.

Ⓑ Ôi, em mới thấy.

②

Ⓐ _____.

Ⓑ Cháu xin lỗi ạ. Lần sau cháu sẽ
đến đúng giờ ạ.

★ 새단어

đeo 끼다, 착용하다 ㅣ **khẩu trang** 마스크 ㅣ **vòi nước** 수도꼭지 ㅣ **thấy** 발견하다, 보다

Bài 25

무엇이 필요하세요?
Anh cần gì ạ?

회화 익히기 1

TRACK_169

학습 목표 ★ 다양한 필요, 요청 표현을 학습합니다.

직원
> **Chào anh ạ. Anh cần gì ạ?**
> 안녕하세요. 무엇이 필요하세요?

Hải
> **Em muốn đặt bàn cho 8 người vào tối mai.**
> 저는 내일 저녁 8명을 위해서 테이블을 예약하고 싶습니다.
>
> **À, em cần phòng riêng, chị ạ.**
> 아, 개별 룸이 필요합니다.

직원
> **Dạ, vâng. Em sẽ nhớ ạ.**
> 네. 기억하겠습니다.

새 단어 **đặt** 닷 ⓗ (닥 ⓩ) 예약하다 | **riêng** 지엥 ⓗ (링 ⓩ) 개별적인, 사적인

  QR로 보는 베트남 문화

베트남의 식당 애티켓!

베트남 대부분의 식당에서 제공되는 물티슈와 물은 모두 유료입니다. 종업원이 계산할 때 손님이 사용한 물티슈와 생수의 개수를 확인한 후 금액을 추가하는 형식입니다. 또한 베트남은 식사를 마친 후 자리에서 계산을 하는 것이 일반적이므로 테이블에서 '계산해 주세요'라고 종업원을 부르면 됩니다.

문화 25

 문법익히기1

 cần 필요하다

cần을 비롯해 아래 단어들은 동사나 명사의 앞에 위치하며 필요성을 이야기하거나 요청을 할 때 사용합니다.

cần 필요하다, ~할 필요가 있다

(예) Tôi cần **tiền đô-la.** 저는 달러가 필요합니다.

Tôi cần **đổi tiền đô.** 저는 달러를 바꿀 필요가 있습니다.

nhớ 그리워하다, 기억하다, ~하는 것을 기억하다

(예) Chị nhớ **nhà quá.** 나는 집이 아주 그리워.

Chị nhớ **chứng minh thư nhé.** 언니, 주민등록증 기억하세요.

Chị nhớ **mang chứng minh thư nhé.** 언니, 주민등록증 가져가는 것 기억하세요.

đừng quên ~을 잊지 마, ~하는 것을 잊지 마

(예) Anh đừng quên **khăn ướt.** 오빠, 물수건 잊지 마.

Anh đừng quên **lấy giấy ướt.** 오빠, 물티슈 챙기는 것 잊지 마.

★새단어 **đô** 도 달러 | **chứng minh thư** 쯩 밍 트ᴴ (쯩 민 트ᴴ) 주민등록증 | **ướt** 으얻ᴴ (욷ᴴ) 젖은, 젖다 | **khăn** 칸ᴴ (캉ᴴ) 수건, 머플러 | **giấy** 지어이ᴴ (여이ᴴ) 종이, 휴지, 티슈

학습 목표 ★ 초대 표현 mời와 부탁, 요청 표현 giúp을 학습합니다.

직원
Xin mời các chị ngồi ở đây. Các chị dùng gì ạ?
손님, 여기 앉으세요. 무엇을 드시겠어요?

Lan
Jia gọi thoải mái đi! Hôm nay chị mời em!
지아야, 편하게 주문해! 오늘은 내가 살게!

Jia
Thế (vậy) thì em giới thiệu giúp bọn chị, được không?
그러면 당신이 저희에게 추천 좀 해줄 수 있나요?

직원
Vâng, mời chị xem thực đơn đây ạ.
네. 손님, 여기 메뉴를 보세요.

 ngồi 응오이 앉다 | **dùng** 줌 ⓗ (융 ⓢ) 드시다 | **thoải mái** 토아이 마이 편안한 | **mời** 머이 ~하세요, 초대하다 | **thực đơn** 특 던 ⓗ (덩 ⓢ) 메뉴, 메뉴판

 mời 초대하다

- 동사 mời의 기본 의미는 '초대하다, 초청하다'이며, xin mời의 형태로 써서 더욱 더 정중하게 말할 수도 있습니다.

  (예) **Xin mời!** 초대합니다! / 맛있게 드세요!
  Xin mời mọi người vào đây. 여러분, 모두 이곳에 들어오세요.

- 상대방이 어떠한 행동을 하도록 안내하거나 정중하게 요청할 때에는 주어 + mời + 대상 + 동사 형태로 쓰이며, '주어는 대상이 ~하도록 청하다'라는 의미를 나타냅니다.

  (예) **Anh muốn mời em đi xem phim.** 나는 네가 이 영화를 보러 가도록 청하고 싶어.

- mời + 대상 + ăn cơm은 상대방에게 식사를 권하거나 대접할 때 사용하는 표현입니다. 특히 베트남 북부에서는 식전 인사로 매일같이 사용하는 문장입니다.

  (예) **Mời em ăn cơm.** 밥 맛있게 먹으렴.

 giúp 돕다, 도와주다

동사 giúp의 기본 의미는 '돕다, 도와주다'입니다. 동사 + giúp + 대상은 '대상을 도와 ~해 주세요, 대상을 위해 ~해주세요'라는 의미로 상대방에게 정중하게 혹은 조심스럽게 부탁이나 요청을 할 때 사용합니다. '호의를 베풀다'라는 의미의 동사 làm ơn을 함께 사용하면 더욱 더 공손한 표현이 됩니다.

  (예) **Tôi có thể giúp gì cho anh?** 제가 당신을 위해서 무엇을 도와드릴 수 있을까요?
  Cô giải thích giúp em, được không ạ? 선생님 저를 위해서 설명해 주실 수 있나요?
  Chị làm ơn dọn bàn này giúp em. 언니, 저를 위해서 이 테이블을 정리해 주세요.
  Anh làm ơn gọi giúp em xe cấp cứu ạ. 오빠, 저를 도와서 구급차를 불러 주세요.

★새단어 **xe cấp cứu** 쌔 껍 끄우 구급차

 패턴익히기

1 **cần** 필요하다

Bác 박	**cần** 껀 ⓗ (껑 ⓢ)	gì ạ? 지 ⓗ (이 ⓢ) 아	아저씨(아주머니) 무엇이 필요하세요?
Tôi 또이		một thùng nước suối 몯 퉁 느억 쑤오이 ⓗ (목 퉁 늑 쑤이 ⓢ)	저는 생수 한 박스가 필요합니다.

2 **nhớ** 보고 싶다, 기억하다

Cô có 꼬 꺼	**nhớ** 녀	gia đình không ạ? 지아 딩 콤 아 ⓗ (야 딘 콤 아 ⓢ)	아가씨는 가족들이 보고 싶나요?
Ông có 옴 꺼		không ạ? 콤 아	할아버지 기억나시나요?

3 **đừng quên** ~하는 것 잊지 마

Em 앰	**đừng quên** 등 꾸엔 ⓗ (꾸엥 ⓢ)	bút xóa 붇 ⓗ (북 ⓢ) 쏘아	너 수정펜 잊지 마.
Bạn 반 ⓗ (방 ⓢ)		đổ xăng 도 쌍	너 주유하는 것 잊지 마.

4 **mời** 초대하다

Em 앰	**mời** 머이	chị 찌	제가 언니를 초대할게요. 제가 언니에게 식사를 대접할게요. 언니 식사 맛있게 하세요.
Tôi 또이		xem màn hình 쌤 만 힝 ⓗ (망 힌 ⓢ)	화면을 봐 주세요.

5 **giúp** 돕다

Em 앰	**giúp** 지웁 ⓗ (윱 ⓢ)	anh được không? 아잉 드억 콤 ⓗ (안 득 콤 ⓢ)	오빠 도와줄 수 있니?
Chị tìm sách này 찌 띰 싸익 ⓗ (싹 ⓢ) 나이		em 앰	언니 저를 도와서 이 책 찾아 주세요.

Bài 25 단어 정리

TRACK_172

문자	발음	의미
chứng minh thư	쫑 밍 트ⓗ (쫑 민 트ⓗ)	주민등록증
dùng	줌ⓗ (움ⓗ)	드시다
đặt	닫ⓗ (닥ⓗ)	예약하다
đô	도	달러
giấy	지어이ⓗ (여이ⓗ)	종이, 휴지, 티슈
khăn	칸ⓗ (캉ⓗ)	수건, 머플러
mời	머이	~하세요, 초대하다
ngồi	응오이	앉다
riêng	지엥ⓗ (링ⓗ)	개별적인, 사적인
thoải mái	토아이 마이	편안한
thực đơn	특 던ⓗ (덩ⓗ)	메뉴, 메뉴판
ướt	으얻ⓗ (윽ⓗ)	젖은, 젖다
xe cấp cứu	쌔 껍 끄우	구급차

1 녹음을 잘 듣고 빈칸에 들어갈 알맞은 단어를 쓰세요.

TRACK_173

① 예약하다 _____ ② 구급차 _____

③ 편안한 _____ ④ 앉다 _____

⑤ 개별적인 _____ ⑥ 수건 _____

⑦ 초대하다 _____ ⑧ 달러 _____

2 질문을 잘 듣고 자유롭게 대답해 보세요.

TRACK_174

① _____

② _____

③ _____

3 녹음을 잘 듣고 아래의 내용이 맞으면 O, 틀리면 X 표시하세요.

TRACK_175

① 남자는 오늘 숙박하기를 원합니다. ☐

② 남자는 2인실 하나가 필요합니다. ☐

③ 남자는 금연실을 요청했습니다. ☐

4 제시된 두 개의 단어 중 적절한 단어를 선택해 글을 완성해 보세요.

> Ⓐ Chào em. Em ① tìm / tiền gì?
>
> Ⓑ Chào anh ạ. Em ② cần / đừng mua một cái tai nghe. Anh giới
> thiệu ③ để / giúp em được không?
>
> Ⓐ ④ Đổi / Mời em vào đây. Em cần ⑤ loại / quyển tai nghe
> nào? Thích hãng nào?
>
> Ⓑ Em muốn xem loại không dây ạ. Nhưng em không biết hãng
> nào tốt.
>
> Ⓐ Thế (vậy) ⑥ chờ / mượn anh một chút nhé.

5 그림을 보고 대화를 완성해 보세요.

①

Ⓐ Tôi ngồi ở đâu, cô?

Ⓑ _____.

②

Ⓐ _____?

Ⓑ Được. Để em xem ạ.

★새단어

tai nghe 이어폰 ｜ **dây** 줄, 선 ｜ **hãng** 브랜드

Bài 26

오늘 날씨 어때요?
Thời tiết hôm nay thế nào?

회화 익히기1

TRACK_176

학습 목표 ★ 의문사 thế nào와 날씨를 묻고 답하는 표현을 학습할 수 있습니다.

Jia
Thời tiết hôm nay thế nào?
오늘 날씨 어떻대요?

Hải
Dự báo thời tiết nói là hôm nay sẽ rất nắng và nóng.
일기 예보에서는 오늘 엄청 쨍쨍하고 덥대요.

Jia
Trời ơi! Khó chịu quá!
세상에! 너무 견디기 힘들어요!

Thế (vậy) ngày mai trời như thế nào?
그러면 내일 날씨는 어때요?

Hải
Ngày mai thì trời sẽ mưa to và mát.
내일은 비가 많이 오고 시원할 거래요.

 thời tiết 터이 띠엗 ⓗ (띡 ⓩ) 날씨 | **(như) thế nào** (니으) 테 나오 어떠한, 어떻게 | **dự báo** 즈 ⓗ (이으 ⓩ) 바오 예보 | **nắng** 낭 해가 쨍쨍한 | **trời ơi** 쩌이 어이 세상에! 아이구! | **khó chịu** 커 찌우 견디기 어려운, 불쾌한 | **mưa** 므어 비, 비 오는 | **to** 떠 큰

 **QR로 보는 베트남 문화**

베트남의 지역별 기후
베트남은 지역에 따라 기후차가 굉장히 뚜렷합니다. 북부는 우리나라와 마찬가지로 춘하추동 사계절이 존재하는 반면 남부는 전형적인 열대 계절풍으로 우기와 건기 두 계절로 나뉘며 1년 내내 덥습니다. 한편 북부는 3~4월, 9~11월에 여행하기 적절하며, 중부는 6~8월, 남부는 12~4월이 여행하기에 적절합니다.

문화 26

 (như) thế nào 어떠한, 어떻게

의문사 (như) thế nào는 '어떠한, 어떻게'라는 의미로 뒤에 오는 단어의 품사에 따라 의미가 달라집니다.

- 명사 + (như) thế nào?는 '~는 어때?'라는 의미로 명사의 상태, 안부, 의견을 물어볼 때 사용합니다.

  (예) **Dạo này chị thế nào?** 요즘 언니 어때요? (안부)

  Phở này thế nào? 이 쌀국수는 어때요? (상태, 의견)

  Quýt này thế nào? 이 귤은 어때요? (상태, 의견)

- 동사 + (như) thế nào?는 '어떻게 ~합니까?'라는 의미로 어떠한 행위를 하는 방법을 물어볼 때 사용합니다. 혹은 '~하는 것은 어떻습니까?'라는 의미로 어떠한 행위를 하는 것에 대한 의견을 물어볼 때에도 사용할 수 있습니다.

  (A) **Học tiếng Việt thế nào?** 베트남어 공부를 어떻게 하니? (방법)

  베트남어 공부하는 게 어때? (의견)

  (B) **Em tự học ạ.** 저는 독학합니다. (방법)

  (C) **Vâng, em định học tiếng Việt ạ.** 네, 저는 베트남어 공부를 하기로 했어요. (의견)

 trời (như) thế nào? 날씨 어때요?

날씨를 물어볼 때에는 trời (như) thế nào?(하늘이 어떻습니까?) 혹은 thời tiết (như) thế nào?(날씨가 어떻습니까?)라고 말합니다. 대답을 할 때에는 trời나 thời tiết를 생략하고 날씨를 나타내는 서술어만 말해도 무방합니다.

날씨 관련 단어			
예보 dự báo	온도 nhiệt độ	좋은, 아름다운 tốt, đẹp	맑은 nắng
비 오는 (có) mưa	구름이 낀 có mây	바람이 부는 có gió	눈이 내리는 có tuyết
쾌적한 dễ chịu	불쾌한 khó chịu	건기 mùa khô	우기 mùa mưa
봄 mùa xuân	여름 mùa hè, hạ	가을 mùa thu	겨울 mùa đông

TRACK_177

회화 익히기 2

학습 목표 ★ 형용사 최상급, 비교급, 동급을 학습합니다.

Inho   Nghe nói Sapa có tuyết. Mình định đi du lịch Sapa.
듣기로는 사파에 눈이 온대. 나는 사파 여행을 가기로 했어.

Mai   Mùa đông ở Sapa lạnh lắm. Cậu phải mặc ấm vào nhé.
사파의 겨울은 아주 추워. 너 따뜻하게 입어야 돼.

Inho   Thời tiết ở đấy như thế nào?
거기 날씨 어때?

Mai   Đôi khi nhiệt độ thấp nhất có thể xuống dưới 0 độ C.
가끔 온도가 섭씨 0도 아래로 내려갈 수도 있어.

Inho   Trời ơi! Thế (vậy) thì Sapa lạnh bằng Hàn Quốc.
세상에! 그러면 사파는 한국만큼 춥네.

 새 단어   **mặc** 막 입다 I **thấp** 텁 낮은, 키가 작은 I **nhất** 녇 ⓗ (녁 ⓢ) 가장, 제일 I **xuống** 쑤옹 ⓗ (쑹 ⓢ) 내려가다,
내리다 I **độ C** 도 쎄 섭씨, ~도 I **bằng** 방 ~만큼

문법 익히기2

bằng ~만큼

최상급, 비교급, 동급은 형용사의 정도를 나타내는 용법입니다. 이들은 각각 '가장, ~보다 더, ~만큼'이라는 의미를 가집니다.

최상급 주어 + 형용사 + nhất ~은(는) 가장 ~하다

(A) Trong lớp mình học giỏi nhất? 우리 반에서 누가 가장 공부를 잘해?

(B) Tuấn giỏi nhất. 뚜언이 가장 잘 해.

비교급 주어 + 형용사 + hơn + (대상) ~은(는) (대상보다) 더 ~하다

(A) Cái nào đắt hơn? 어느 것이 더 비싸요?

(B) Cái này đắt hơn cái kia 5.000 đồng. 이게 저것보다 5천 동 더 비싸요.

동급 주어 + 형용사 + bằng + 대상 ~은(는) 대상만큼 ~하다 (정도 비교)
주어 + 형용사 + như + 대상 ~은(는) 대상처럼 ~하다 (비유)

Cậu ấy cao bằng tớ. 그 친구는 나만큼 키가 크다.

Mùa hè năm nay nóng bằng năm ngoái. 올해 여름은 작년만큼 덥다.

Cô Lan xinh như hoa. 란 선생님은 꽃처럼 예쁘다.

Bạn ấy khỏe như trâu. 그 친구는 물소처럼 건강하다.

★새단어 đứa 드어 아이, 녀석 | xinh 씽ⓗ (씬ⓗ) 예쁜, 아름다운

1 (như) thế nào? ~는 어때요? 어떻게 ~합니까?

Mùa xuân ở miền Bắc 무어 쑤언 어 미엔 박 (하) (무어 쑤엉 어 밍 박 (호))	**(như) thế nào?** (니으) 테 나오	북부 지역의 봄은 어때요? (상태, 의견)
Sức khỏe của ông bà 쓱 코애 꾸어 옴 바		할아버지, 할머니 건강은 어떠세요? (안부)
Chúng ta phải làm 쭘 따 파이 람		우리는 어떻게 해야 해요? (방법, 의견)

2 nhất 제일, 가장

Bạn thích mùa nào 반 틱 무어 나오 (하) (방 틷 무어 나오 (호))	**nhất** 녇 (하) (녁 (호))		너는 어느 계절을 제일 좋아하니?
Trong năm, mùa xuân ẩm 쩜 남, 무어 쑤언 엄 (하) (쩸 남 무어 쑤엉 엄 (호))			일년 중에 봄이 가장 습합니다.
Anh này là ca sĩ nổi tiếng 아잉 (하) (안 (호)) 나이 라 까 씨 노이 띠엥 (하) (띵 (호))		ở Việt Nam 어 비엘 남 (하) (어 빅 남 (호))	이 오빠가 베트남에서 가장 유명한 가수입니다.

3 hơn (~보다) 더 ~하다

Hôm nay trời nóng 홈 나이 쩌이 넘	**hơn** 헌 (하) (헝 (호))	hôm qua nhiều 홈 꾸아 니에우 (하) (니우 (호))	오늘은 어제보다 더 많이 덥습니다.
Tôi thích mùa khô 또이 틱 (하) (틷 (호)) 무어 코		mùa mưa 무어 므어	저는 우기보다 건기를 더 좋아합니다.
Chị gái nhiều 찌 가이 니에우 (하) (니우 (호))		tôi 2 tuổi 또이 하이 뚜오이 (하) (뚜이 (호))	언니가 저보다 두 살 더 많습니다.

4 bằng ~만큼 / như ~처럼

Con cá này to 껀 (하) (껑 (호)) 까 나이 떠	**bằng** 방	con kia 껀 (하) (껑 (호)) 끼어	이 생선은 저 생선만큼 큽니다.
Dạo này Hàn Quốc nóng 자오 나이 한 꾸옥 넘 (하) (야오 나이 항 꾸옥 넘 (호))	**như** 니으	Đông Nam Á 돔 남 아	요즘 한국은 동남아처럼 덥습니다.

Bài 26 단어 정리

TRACK_179

문자	발음	의미
bằng	방	~만큼
dự báo	즈⊕ (이으⊚) 바오	예보
độ C	도 쎄	섭씨, ~도
đứa	드어	아이, 녀석
khó chịu	커 찌우	견디기 어려운, 불쾌한
mặc	막	입다
mưa	므어	비, 비오는
nắng	낭	해가 쨍쨍한
nhất	녇⊕ (녁⊚)	가장, 제일
(như) thế nào	(니으) 테 나오	어떠한, 어떻게
to	떠	큰
thấp	텁	낮은, 키가 작은
thời tiết	터이 띠엗⊕ (띡⊚)	날씨
trời ơi	쩌이 어이	세상에! 아이구!
xinh	씽⊕ (씬⊚)	예쁜, 아름다운
xuống	쑤옹⊕ (쏭⊚)	내려가다, 내리다

연습 문제

1 녹음을 잘 듣고 빈칸에 들어갈 알맞은 단어를 쓰세요.

TRACK_180

① 날씨 _____　② 봄 _____

③ 입다 _____　④ 해가 쨍쨍한 _____

⑤ 어떠한, 어떻게 _____　⑥ 예쁜 _____

⑦ 내려가다 _____　⑧ 예보 _____

2 질문을 잘 듣고 자유롭게 대답해 보세요.

TRACK_181

① _____

② _____

③ _____

3 녹음을 잘 듣고 아래의 내용이 맞으면 O, 틀리면 X 표시하세요.

TRACK_182

① 오늘 하노이의 날씨는 아주 좋습니다. ☐

② 비가 올 확률이 있습니다. ☐

③ 최고 기온은 28도입니다. ☐

4 제시된 두 개의 단어 중 적절한 단어를 선택해 글을 완성해 보세요.

> Thời tiết ở miền Bắc ① khóc / khác miền Nam.
> Miền Bắc có ② bốn / bán mùa như Hàn Quốc.
> Đó là mùa xuân, hạ, thu, ③ đông / đồng .
> Nhiều người thích mùa thu ④ nhất / bằng vì ít mưa và dễ
> ⑤ chiều / chịu .
> Còn ở miền Nam ⑥ chị / chỉ có hai mùa là mùa khô và mùa
> mưa.
> Vào mùa mưa, mưa ⑦ to / tớ trong khoảng 1 - 2 tiếng.

5 그림을 보고 대화를 완성해 보세요.

① Ⓐ _____ ?

Ⓑ Hôm nay trời mưa nhiều và lạnh.

② Ⓐ _____ ?

Ⓑ Chị thích kem vị sô cô la hơn.

> ★새단어
> **kem** 아이스크림, 크림 ┃ **vị** 맛 ┃ **sô cô** 초콜릿

Bài 27

이 옷 입어봐도 되나요?
Em mặc thử áo này được không?

TRACK_183

학습 목표 ★ 시도를 나타내는 thử와 문미 조사 chứ, nhỉ를 학습합니다.

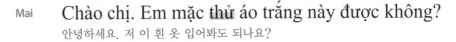

상인	**Chào em. Em tìm gì?** 안녕하세요. 무엇을 찾으세요?
Mai	**Chào chị. Em mặc thử áo trắng này được không?** 안녕하세요. 저 이 흰 옷 입어봐도 되나요?
상인	**Được chứ! Em vào đây, mặc thử nhé.** 당연하죠. 여기 들어와서 입어 보세요.
Mai	**Áo này hơi chật nhỉ. Có cỡ to hơn chứ ạ?** 이 옷 조금 끼네요. 더 큰 사이즈 있지요?
상인	**Size to hết rồi, em ạ.** 큰 사이즈는 품절이에요, 손님.
Mai	**Ôi, tiếc quá nhỉ.** 아, 너무 아쉽네요.

thử 트 ~해 보다, 시도하다 | **chứ** 쯔 ~하지, ~하죠 | **chật** 쩟 ⓗ (쩍 ⓢ) 꽉 끼는, 작은 | **cỡ** 꺼 사이즈 | **size** 싸이 사이즈 | **tiếc** 띠엑 ⓗ (띡 ⓢ) 아쉬운, 아쉬워하다 | **nhỉ** 니 ~하네, ~하군

베트남의 전통 의상 아오자이!
아오자이(Áo dài)는 베트남의 전통 의상으로 áo는 '옷', dài는 '길다'라는 단어가 합쳐져 '긴 옷'이라는 의미를 나타냅니다. 아오자이는 주로 실크로 만들며 상의와 하의 한 벌이 세트입니다. 상의는 몸에 달라붙고 옆구리부터 무릎 아래로 갈라져 내려오며, 바지는 통이 넓게 만들어집니다.

문화 27

thử 시도하다

'시도하다'라는 의미의 동사 thử는 단독으로 쓰일 수도 있고 다른 동사의 앞이나 뒤에서 '~해 보다'라는 의미로 쓰일 수도 있습니다.

Ⓐ **Em** thử **ăn cái này được không?** 저 이것 먹어봐도 되나요?

Ⓑ **Ừ, em** thử **đi.** 응, 먹어보렴(시도해 보렴).

Ⓐ **Em ăn** thử **nữa được không?** 저 더 먹어봐도 되나요?

Ⓑ **Em** thử **thoải mái nhé.** 편하게 먹어보렴(시도해 보렴).

chứ, nhỉ 문미 조사

chứ, nhỉ 등과 같은 문미 조사는 문장의 끝에 붙어 어감을 꾸며주는 역할을 하며, 이는 문장의 전체 의미에는 큰 영향을 주지 않습니다. 또한 chứ와 nhỉ는 의문사로도 사용되며 이 경우에는 문장을 의문문으로 만들어 주기도 합니다.

품사	의미	쓰임
~ chứ (문미 조사)	~하지, ~하죠	당연성 혹은 확신을 가지고 말하는 경우
~ chứ? (의문사)	~하지? ~하죠?	확신을 가지고 질문하거나 동의를 구하는 경우

Ⓐ **Bạn không quên mất** chứ? 너는 안 잊어버렸지?

Ⓑ **Tất nhiên là nhớ** chứ! 당연히 기억하지!

Ⓐ **Bạn cũng đi chơi được** chứ? 너도 놀러갈 수 있지?

Ⓑ **Được** chứ! 가능하지!

품사	의미	쓰임
~ nhỉ (문미 조사)	~하네, ~하군	혼잣말의 어감
~ nhỉ? (의문사)	~려나? ~더라?	혼잣말의 어감 혹은 간접적으로 동의를 구하는 경우

예 **Cà vạt này đẹp quá** nhỉ! 이 넥타이 너무 예쁘네!

Giá bao nhiêu nhỉ? 가격이 얼마려나?

Đeo thử được không nhỉ? 매어봐도 되려나?

TRACK_184

학습 목표 ★ 선택 접속사 hoặc, hay와 수사 rưỡi, nửa를 구분할 수 있습니다.

Lan	**Cho chị xem giày màu kem hoặc màu nâu.** 크림색이나 갈색 구두를 보여 주세요.
직원	**Đôi này có hai màu. Chị thử đi ạ.** 이 신발은 두 색깔이 있어요. 신어 보세요.
Lan	**Màu này hợp hơn hay màu kia hợp hơn?** 이 색이 더 어울리나요, 아니면 저 색이 더 어울리나요?
직원	**Màu kem rất hợp với chị!** 크림색이 손님에게 아주 잘 어울려요!
Lan	**Thế (Vậy) giày này giá bao nhiêu nhỉ?** 그럼 이 구두 가격이 얼마예요?
직원	**Ba trăm rưỡi ạ.** 35만 동입니다.

hợp 헙 어울리다 ｜ **với** 버이 ~에게, ~와(과) ｜ **hay** 하이 혹은 ｜ **màu kem** 마우 깸 크림색 ｜
màu nâu 마우 너우 갈색

문법 익히기2

hoặc, hay 혹은

선택 접속사 hay와 hoặc은 '혹은, 아니면'이라는 의미로 명사와 명사, 서술어와 서술어, 문장과 문장 사이 등 다양한 위치에 올 수 있습니다. 단, hoặc은 접속사의 역할만 하여 평서문에만 쓰이는 반면, hay는 접속사와 의문사의 역할을 모두 취할 수 있으므로 평서문과 의문문에 모두 쓰일 수 있습니다.

A hoặc B.	A hay B.	A hay B?
A 혹은 B입니다.	A 혹은 B입니다.	A입니까 혹은 B입니까?

Ⓐ Em muốn đổi hoặc trả lại áo này. 저는 이 옷을 교환하거나 환불하고 싶어요.

Ⓑ Áo này em có thể đổi hay trả đều được. 이 옷은 당신이 교환하거나 환불하거나 모두 가능해요.
Em muốn đổi hay trả lại? 당신은 교환을 원하나요, 아니면 환불을 원하나요?

rưỡi 절반, 반

'절반, 반'을 나타내는 수사로는 rưỡi와 nửa 두 가지가 있으나 쓰임은 다릅니다.

• rưỡi는 단독으로 수사 자리에 쓰일 수 없으며 반드시 다른 수사나 단위의 뒤에 붙여서 사용해야 합니다. 앞에 위치한 숫자 단위의 절반을 더하는 의미입니다.

• nửa는 단독으로 수사 역할을 합니다.

예 Chúng tôi biết nhau được một năm rưỡi rồi. 저희들은 서로 안 지 1년 반 되었습니다.
Chúng tôi hẹn hò được nửa năm rồi. 저희는 사귄 지 반년 되었습니다.
Tôi thường mua 1 cân ⊕ (ký ⊛) rưỡi thịt. 저는 보통 1.5kg의 고기를 삽니다.
Nhưng hôm nay tôi chỉ mua nửa cân ⊕ (ký ⊛) thôi. 하지만 오늘은 500g만 샀습니다.
Thịt này một trăm rưỡi 1 cân ⊕ (ký ⊛). 이 고기는 1kg에 15만 동입니다.

★새단어 trả lại 짜 라이 돌려주다

패턴 익히기

TRACK_185

1 chứ ~하지? ~하죠

Chị mặc thử được 찌 막 트 드억 ⓗ (득 ⓢ)	?	내가 입어봐도 되지?
Cái này hợp hơn 까이 나이 헙 헌 ⓗ (헝 ⓢ)	?	이게 더 잘 어울리지?
Tất nhiên 떳 니엔 ⓗ (떡 닝 ⓢ)	!	당연하죠!
Anh chịu trách nhiệm 아잉 찌우 짜익 니엠 ⓗ (안 찌우 짤 님 ⓢ)	.	형이 책임지지!

가운데: **chứ** 쯔

2 nhỉ ~려나?, ~하네

Mình nên làm thế nào밍 (민 ⓢ) 넨 람 테 나오	?	난 어떻게 해야 하려나?
Con cún này ngoan 껀 꾼 나이 응오안 ⓗ (껑 꿍 나이 응오앙 ⓢ)	?	이 강아지는 순하네?
Phim này sợ lắm 핌 나이 써 람	.	이 영화는 아주 무섭군.
Ồ, hôm nay gió mạnh quá 오, 홈 나이 지어 마잉 꾸아 ⓗ (오, 홈 나이 여 만 꾸아 ⓢ)	.	오, 오늘 바람이 너무 세네.

가운데: **nhỉ** 니

3 hoặc, hay 혹은

Chị có thể chỉ mở tài khoản 찌 꺼 테 찌 머 따이 코안 ⓗ (코앙 ⓢ)	**hoặc** 호악	làm cả thẻ 람 까 태	계좌 개설만 하실 수도 있고 혹은 카드까지 만들 수도 있습니다.
Ở đây chỉ nhận thẻ tín dụng 어 더이 찌 년 태 띤 줌 ⓗ (어 더이 찌 녕 태 띵 윰 ⓢ)		tiền mặt 띠엔 맏 ⓗ (띵 막 ⓢ)	이 곳은 신용카드나 현금 카드만 받습니다.
Bác vẫn chưa quyết định đi 박 번 쯔어 꾸이엗 딩 디 ⓗ (박 번 쯔어 꾸익 딘 디 ⓢ)	**hay** 하이	ở lại 어 라이	나는 갈지 혹은 남아있을지 아직도 결정하지 못했어.
Cái này bán thường 까이 나이 반 트엉 ⓗ (방 퉁 ⓢ)		giảm giá? 지암 지아 ⓗ (얌 야 ⓢ)	이건 정가로 팔아요, 아니면 할인가로 팔아요?

★**새단어** **trách nhiệm** 짜익 니엠 ⓗ (짤 님 ⓢ) 책임 | **cún** 꾼 ⓗ (꿍 ⓢ) 강아지 | **ngoan** 응오안 ⓗ (응오앙 ⓢ) 순한, 착한 | **sợ** 써 무서운, 두려워하다 | **mạnh** 마잉 ⓗ (만 ⓢ) 강한, 힘이 센 | **tài khoản** 따이 코안 ⓗ (코앙 ⓢ) 계좌 | **thẻ tín dụng** 태 띤 줌 ⓗ (태 띵 윰 ⓢ) 신용카드 | **tiền mặt** 띠엔 맏 ⓗ (띵 막 ⓢ) 현금 | **quyết định** 꾸이엗 딩 ⓗ (꾸익 딘 ⓢ) 결정하다 | **ở lại** 어 라이 머물다

Bài 27 단어 정리

TRACK_186

문자	발음	의미
cỡ	꺼	사이즈
cún	꾼 ⓗ (꿍 ⓗ)	강아지
chật	쩓 ⓗ (쩍 ⓗ)	꽉 끼는, 작은
chứ	쯔	~하지, ~하죠
hay	하이	혹은
hợp	헙	어울리다
mạnh	마잉 ⓗ (만 ⓗ)	강한, 힘이 센
màu kem	마우 깸	크림색
màu nâu	마우 너우	갈색
ngoan	응오안 ⓗ (응오앙 ⓗ)	순한, 착한
nhỉ	니	~하네, ~하군
ở lại	어 라이	머물다, 남다
quyết định	꾸이엗 딩 ⓗ (꾸익 딘 ⓗ)	결정하다
size	싸이	사이즈
sợ	써	무서운, 두려워하다
tài khoản	따이 코안 ⓗ (코앙 ⓗ)	계좌
tiếc	띠엑 ⓗ (띡 ⓗ)	아쉬운, 아쉬워하다
tiền mặt	띠엔 맏 ⓗ (띵 막 ⓗ)	현금
thẻ tín dụng	태 띤 줌 ⓗ (태 띵 윰 ⓗ)	신용카드
thử	트	~해 보다, 시도하다
trả lại	짜 라이	돌려주다
trách nhiệm	짜익 니엠 ⓗ (짤 님 ⓗ)	책임
với	버이	~에게, ~와(과)

연습 문제

1 녹음을 잘 듣고 빈칸에 들어갈 알맞은 단어를 쓰세요.

TRACK_187

- ① 사이즈 _____
- ② 강아지 _____
- ③ 신용카드 _____
- ④ 어울리다 _____
- ⑤ 꽉 끼는 _____
- ⑥ 결정하다 _____
- ⑦ 갈색 _____
- ⑧ 혹은 _____

2 질문을 잘 듣고 자유롭게 대답해 보세요.

TRACK_188

- ① _____
- ② _____
- ③ _____

3 녹음을 잘 듣고 아래의 내용이 맞으면 O, 틀리면 X 표시하세요.

TRACK_189

- ① 여자는 흰색 신발을 샀습니다. ☐
- ② 여자는 36 사이즈의 신발을 샀습니다. ☐
- ③ 가격은 20만 동입니다. ☐

4 다음 중 틀린 문장만 골라 바르게 고쳐 보세요.

① Cháu nói thật chứ?

_____.

② Lương tháng của em là 7 triệu nửa ạ.

_____.

③ Ông mới sang bên này nửa tháng rồi.

_____.

④ Chị thích áo màu kem hơn hoặc màu nâu hơn?

_____.

5 그림을 보고 대화를 완성해 보세요.

① A _____?

B Cho bà phở chín nhé.

② A Chị sống ở đây được bao lâu rồi?

B _____.

★새단어

lương 급여 | **phở chín** 익힌 소고기 쌀국수

Bài 28

머리가 아파요.
Em bị đau đầu.

회화 익히기1

TRACK_190

학습 목표 ★ 긍정 표현 được과 부정 표현 bị를 학습합니다.

Mai	Thầy ơi, hôm nay em về sớm **được** không ạ?
	선생님, 저 오늘 일찍 돌아가도 될까요?

Em **bị** sốt và đau đầu quá ạ.
저 열이 나고 머리가 너무 아파서요.

Minh	Em **bị** ốm (bệnh) à? Em về nghỉ luôn đi.
	너 아프니? 바로 돌아가서 쉬어.

Mai	Dạ, vâng ạ. Em cảm ơn thầy ạ.
	네, 감사합니다.

Minh	Ừ, em về cẩn thận nhé (nha).
	응, 조심히 가렴.

 bị 비 ~한, ~지다, 증상 표현 | **sốt** 쏟⒣ (쏙⒪) 열이 나는 | **ốm (bệnh)** 옴⒣ (벤⒪) 아픈, 병이 난 |
luôn 루온⒣ (롱⒪) 즉시, 곧장, 바로 ~해버리다

베트남의 구급차 번호는?

베트남에서는 응급 상황이 생겼을 때 115번으로 전화해 구급차를 부를 수 있습니다. 한편 (외국계) 병원 구급차를 이용할 경우 이용료가 굉장히 비싼 편이므로 자가나 택시를 이용하는 것을 추천합니다.

문화 28

문법익히기1

được 긍정 표현 / bị 부정 표현

긍정 được + 동사 ~하게 되다, ~되다

외부에 의해 어떠한 일을 하게 되거나 만들어졌으나 그것이 긍정적인 경우에 사용합니다.

> **예** Cả lớp được nghỉ. 반 전체가 쉬게 됐어.
>
> Em được đi du học. 나는 유학을 가게 됐어.
>
> Bây giờ tớ được về luôn. 나는 지금 바로 돌아갈 수 있게 됐어.

★ **Tip**
문장 끝에 쓰인 luôn은 '항상'이라는 의미가 아니라 '곧장, 즉시, 바로 ~해 버리다'라는 의미입니다

부정 bị + 동사/형용사 ~한, ~지다, 증상 표현

bị는 병증을 포함하여 어떠한 상태가 되었으나 그것이 부정적인 경우 강조를 하기 위해 사용합니다. bị를 생략해도 의미 차이는 없습니다.

병증 triệu chứng			
아픈, 병이 난 bị ốm ⑲ (bị bệnh ⑳)	통증이 있는 bị đau	체한 bị đầy bụng	피곤한 bị mệt
감기에 걸린 bị cảm	열이 나는 bị sốt	콧물이 나는 bị sổ mũi	오한이 드는 bị lạnh
기침하는 bị ho	인후(편도)염에 걸린 bị viêm họng	부러지다 bị gãy	넘어지다 bị ngã ⑲ (bị té ⑳)

> **예** Em bị ốm ⑲ (bệnh ⑳) từ tối qua. 나는 어제 저녁부터 아파.
>
> Em bị mệt vì có nhiều việc quá. 나는 일이 너무 많아서 피곤해.
>
> Sáng nay, em bị ngã ⑲ (té ⑳) xe. 오늘 아침에 나는 (자전거/오토바이를 타다) 넘어졌어.

★새단어 cả 까 전체, 모든 | đầy 더이 가득찬 | mũi 무이 코 | viêm 비엠 ⑲ (빔 ⑳) 염증 | họng 헝 목구멍

TRACK_191

학습 목표 ★ 동사 trông의 용법과 nếu … thì의 가정 용법을 학습합니다.

Jia　　Sao **trông** em khó chịu thế (vậy)?
　　　　하이 씨, 왜 그렇게 힘들어 보여요?

Hải　　Em bị đầy bụng và buồn nôn từ sáng nay.
　　　　저 오늘 아침부터 소화가 안 되고 구역질이 나요.

Jia　　Em uống thuốc gì chưa?
　　　　무슨 약이라도 먹었어요?

Hải　　Chưa ạ.
　　　　아직이요.

Jia　　Thế (Vậy) thì em uống thuốc này nhé.
　　　　그러면 이 약 먹어 보세요.

　　　　Nếu không khỏi **thì** em nên đi khám bệnh.
　　　　만약에 낫지 않으면 진찰받으러 가는 게 좋겠어요.

 trông 쫌 ~해 보이다 | **uống thuốc** 우옹 투옥 ⓗ (웅 툭 ⓢ) 약을 먹다 | **nếu** 네우 만약 | **khám bệnh**
캄 베잉 ⓗ (캄 벤 ⓢ) 진찰받다, 진찰하다 | **khỏi** 커이 낫다, 회복하다

 trông ~해 보이다

trông (+ có vẻ)는 '서술어는 ~해 보이다, ~처럼 보이다'라는 의미입니다. '~해 보이다'라는 의미의 trông과 '~인 모습이 있다'라는 의미의 có vẻ는 둘 중 하나만 사용해도 무방합니다. 또한 주어의 위치는 trông의 앞 혹은 뒤, có vẻ의 앞 혹은 뒤에 자유롭게 올 수 있습니다.

예) Hôm nay trông em thế nào, anh? 오늘 나 어때 보여, 오빠?

Em trông có vẻ bị căng thẳng quá. 너 너무 스트레스 받아 보여.

Anh ấy có vẻ già hơn tuổi. 그 형은 나이보다 더 늙어 보여.

 nếu … thì 만약 ~하다면

nếu는 '만약', thì는 '~하다면'이라는 의미로 '만약 A하다면 B하다'라는 가정 용법 접속사입니다. 아래와 같이 다양하게 말할 수 있습니다.

Nếu A thì B	Nếu A, B	A thì B	B nếu A

예) Nếu chị bị cảm thì hãy uống thuốc này. 만약에 감기에 걸렸으면 이 약을 드세요.

= Nếu chị bị cảm, hãy uống thuốc này.
= Chị bị cảm thì hãy uống thuốc này.
= Chị hãy uống thuốc này nếu bị cảm.

★ Tip
'약을 먹다'라는 표현은 ăn thuốc이 아닌 uống thuốc입니다.

★새단어 vẻ 배 모양새, 모습 | già 지아 ⓗ (야 ⓢ) 나이 든, 늙은 | căng thẳng 깡탕 긴장하다, 스트레스받다

TRACK_192

1 được ~하게 되다

Rất vui 젇 ⓗ(럭 ⓢ) 부이		gặp bạn 갑 반 ⓗ(방 ⓢ)	만나게 되어서 반갑습니다.
Ở Việt Nam, số 9 어 비엔 남, 쏘 찐 ⓗ(어 빅 남, 쏘 찡 ⓢ)	**được** 드억 ⓗ(득 ⓢ)	xem là số may mắn 쌤 라 쏘 마이 만 ⓗ(망 ⓢ)	베트남에서 숫자 9는 행운의 숫자로 여겨진다.
Cái rổ này 까이 조 ⓗ(로 ⓢ) 나이		làm bằng nhựa 람 방 니으어	이 바구니는 플라스틱으로 만들어진다.

2 bị ~한, ~지다

Cháu 짜우		ho lâu chưa? 허 러우 쯔어	너는 기침한 지 오래 됐니?
Em 앰	**bị** 비	làm sao? 람 싸오	너 왜 그래? 어디가 불편해?
Anh 아잉 ⓗ(안 ⓢ)		gãy chân 가이 쩐 ⓗ(쩡 ⓢ)	형의 다리가 부러졌어.

3 trông có vẻ ~해 보이다

Bạn ấy 반 ⓗ(방 ⓢ) 어이		có chuyện vui 꺼 쭈이엔 ⓗ(쭈잉 ⓢ) 부이	그 애는 즐거운 일이 있는 것 같아 보여.
Gần đây em ấy 건 ⓗ(겅 ⓢ) 더이 앰 어이	**trông có vẻ** 쫌 꺼 배	béo (mập) hơn 배오 헌 ⓗ(멉 헝 ⓢ)	최근 들어 그 애는 살이 더 쪄 보여.
Họ 허		là người nước ngoài 라 응으어이 느억 응오아이 ⓗ (라 응으이 늑 응오아이 ⓢ)	그들은 외국인인 것처럼 보여.

4 nếu ··· thì 만약 ~하다면

	mẹ (má) không đi 매 ⓗ(마 ⓢ) 콤 디	con cũng không đi 껀 ⓗ(껑 ⓢ) 꿈 콤 디	만약 엄마가 안 가시면 저도 안 가요.
Nếu 네우	cậu không đỡ 꺼우 콤 더	**thì** 티	tớ mua thuốc cho 떠 무어 투옥 ⓗ(툭 ⓢ) 쩌	만약 너 안 나아지면 내가 약을 사다 줄게.
	em không đỡ đau bụng 앰 콤 더 다우 붐		phải đến phòng khám 파이 텐 펌 캄	만약 너 배 아픈 게 안 나으면 병원에 가야 해.

Bài 28 단어정리

TRACK_193

문자	발음	의미
bệnh	벤 ⓗ	아픈, 병이 난
bị	비	~한, ~지다, 증상 표현
cả	까	전체, 모두
căng thẳng	깡 탕	긴장하다, 스트레스받다
đầy	더이	가득찬
già	지아 ⓗ (야 ⓢ)	나이 든, 늙은
họng	험	목구멍
khám bệnh	캄 베잉 ⓗ (캉 벤 ⓢ)	진찰받다, 진찰하다
khỏi	커이	낫다, 회복하다
luôn	루온 ⓗ (룽 ⓢ)	즉시, 곧장, 바로 ~해버리다
mũi	무이	코
nếu	네우	만약
ốm	옴 ⓗ	아픈, 병이 난
sốt	쏟 ⓗ (쏙 ⓢ)	열이 나는
trông	쫌	~해 보이다
uống thuốc	우옹 투옥 ⓗ (웅 툭 ⓢ)	약을 먹다
vẻ	배	모양새, 모습
viêm	비엠 ⓗ (빔 ⓢ)	염증

1 녹음을 잘 듣고 빈칸에 들어갈 알맞은 단어를 쓰세요.

TRACK_194

① 약을 먹다 _____ ② ~해 보이다 _____

③ 긴장하다 _____ ④ 낫다, 회복하다 _____

⑤ 늙은 _____ ⑥ 진찰하다 _____

⑦ 만약 _____ ⑧ 병이 난 _____

2 질문을 잘 듣고 자유롭게 대답해 보세요.

TRACK_195

① _____

② _____

③ _____

3 녹음을 잘 듣고 아래의 내용이 맞으면 O, 틀리면 X 표시하세요.

TRACK_196

① 여자는 복통이 있습니다. ☐

② 여자는 그저께부터 아팠습니다. ☐

③ 여자는 편도염에 걸렸습니다. ☐

정답 282p

4 제시된 두 개의 단어 중 적절한 단어를 선택해 글을 완성해 보세요.

> Hôm qua khi trời mưa rất to, tôi không có áo mưa nên bị ① ướt / khô . Cho nên tôi bị ② cảm / cam . Từ tối qua, tôi bị sốt cao, lạnh và ③ họ / ho nhiều. Hôm nay tôi ④ không / có thể đi làm nên được nghỉ. Buổi sáng tôi đã đi khám bệnh và ⑤ uống / ăn thuốc. Bây giờ tôi ⑥ đổi / đỡ hơn nhiều rồi.

5 그림을 보고 대화를 완성해 보세요.

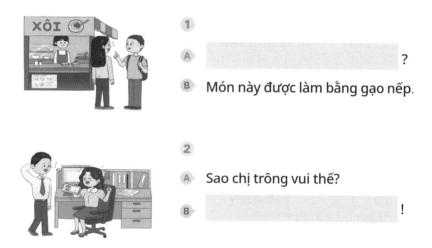

①
Ⓐ _____ ?
Ⓑ Món này được làm bằng gạo nếp.

②
Ⓐ Sao chị trông vui thế?
Ⓑ _____ !

> ★새단어
> nhẹ 가벼운

Bài 29

선물을 받았어요.
Em được tặng quà.

 회화 익히기 1　TRACK_197

학습 목표 ★ mà의 다양한 쓰임새를 학습합니다.

Hồng	Hôm nay, bác mời các cháu ăn tối nhé.
	오늘은 내가 너희에게 저녁을 대접할게.
Jia	Trời ơi! Nhà hàng gì **mà** đẹp thế này?
	세상에! 무슨 식당인데 이렇게 예뻐요?
Hồng	Hôm nay là ngày vui **mà**. Chúc mừng cháu nhé.
	오늘은 기쁜 날이잖니. 축하해요, 지아양.
Hải	Đây là món quà **mà** em chuẩn bị cho chị.
	이건 제가 지아 씨를 위해 준비한 선물이에요.
	Chúc mừng chị ạ!
	축하해요, 지아 씨!
Jia	Cháu cảm ơn sếp ạ! Chị cảm ơn Hải!
	사장님, 감사합니다! 하이 씨, 고마워요!

 **mà** 마 그런데, ~잖아, ~한 | **thế này** 테 나이 이렇게 | **món quà** 먼 ⓗ (몽 ⓗ) 꾸아 선물 |
chuẩn bị 쭈언 ⓗ (쭈엉 ⓗ) 비 준비하다

QR로 보는 베트남 문화

베트남의 회사 문화!

베트남의 대부분의 회사는 주 6일 근무제를 시행하고 있습니다. 또한 베트남에서는 직급이나 직위가 있지만, 서로 호칭할 때 우리 나라와 달리 직급이나 직위를 붙이지 않고, anh(지위나 연령이 높은 남성), chi(지위나 연령이 높은 여성), em(지위나 연령이 낮은 남성이나 여성) 등의 호칭을 사용합니다.

문화 29

 mà의 다양한 쓰임새

mà는 위치에 따라 접속사, 문미 조사, 관계대명사로 쓰일 수 있습니다.

접속사 문장 앞, 문장과 문장 사이 ~인데, 그런데

이 경우에는 mà와 같은 의미를 가진 nhưng과 함께 쓰일 수 있습니다.

Ⓐ Hôm nay là ngày nghỉ mà em đi làm à? 오늘 쉬는 날인데 너 출근하니?

Ⓑ Em cũng muốn nghỉ nhưng mà bận lắm. 저도 쉬고 싶은데 엄청 바빠요.

문미 조사 문장 끝 ~잖아요, ~거든요, ~인데요

이 경우에는 cơ mà 형태로도 쓸 수 있습니다.

Ⓐ Cậu làm gì ở nhà? Cuối tuần cơ mà. 너 집에서 뭐해? 주말이잖아.

Ⓑ Tớ bị cảm mà. 나 감기 걸렸잖아.

관계대명사 명사와 문장 사이 ~한 + 명사

뒷 문장이 앞의 명사를 꾸며서 '~한 + 명사'라는 말을 할 때 사용되며, 생략해도 무방합니다. 영어의 that과 비슷합니다.

예 Bạn mà hôm trước mình đã gặp đó tên là gì? 내가 저번에 만났던 그 친구 이름이 뭐였더라?

Đây chính là bộ phim mà tôi thích nhất. 이게 바로 제가 가장 좋아하는 영화예요.

Những đĩa CD mà anh ấy ký ở đâu nhỉ? 그 오빠가 싸인한 CD들이 어디에 있지?

Mình đã nhận đồ lưu niệm mà bạn gửi rồi. 네가 보낸 기념품을 받았어.

⭐Tip
những + 명사 수식어 : ~한 명사들

⭐새단어 chính 찡⑲ (찐⑩) 바로, ~이야말로 | bộ phim 보 핌 영화, 드라마 | đĩa CD 디어 씨디 CD | đồ lưu niệm 도 르우 니엠⑲ (님⑩) 기념품

학습 목표 ★ được과 bị의 피동 표현을 학습합니다.

Lan Ồ, Jia cầm gì thế (vậy)?
오, 지아 손에 뭐야?

Jia Đây là món quà mà em được Hải tặng ạ.
이거 제가 하이 씨한테 받은 선물이에요.

Lan Hôm nay là ngày gì mà em được tặng quà?
오늘 무슨 날인데 선물을 받았어?

Jia Em được thăng chức đấy!
저 승진했어요!

Lan Ôi, thật à? Chúc mừng em! Chị cũng vui quá!
오, 정말이야? 축하해! 나도 너무 기쁘다!

Hôm nay chị em mình uống cho vui đi!
오늘 너랑 나랑 둘이 기분 좋게 마시자!

 cầm 껌 손에 쥐다, 들다 | **thăng chức** 탕 쯕 승진하다

문법 익히기 2

được, bị 피동 표현

'(~에 의해, ~에게) ~되다'라는 의미의 피동 표현은 긍정과 부정 두 가지로 나뉩니다.

긍정 được + (대상) + 동사 (~에 의해, ~에게) ~받다, ~되다, ~얻다

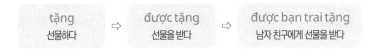

| tặng
선물하다 | ⇨ | được tặng
선물을 받다 | ⇨ | được bạn trai tặng
남자 친구에게 선물을 받다 |

(예) **Em được bạn trai tặng quà.** 저는 남자 친구에게 선물을 받았어요.

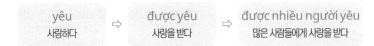

| yêu
사랑하다 | ⇨ | được yêu
사랑을 받다 | ⇨ | được nhiều người yêu
많은 사람들에게 사랑을 받다 |

(예) **Hội An được nhiều người yêu thích.** 호이 안은 많은 사람들에게 사랑을 받는다.

부정 bị + (대상) + 동사 (~에 의해, ~에게) ~되다, ~당하다

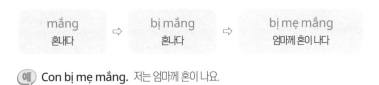

| mắng
혼내다 | ⇨ | bị mắng
혼나다 | ⇨ | bị mẹ mắng
엄마께 혼이 나다 |

(예) **Con bị mẹ mắng.** 저는 엄마께 혼이 나요.

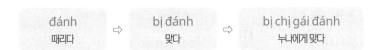

| đánh
때리다 | ⇨ | bị đánh
맞다 | ⇨ | bị chị gái đánh
누나에게 맞다 |

(예) **Em bị chị gái đánh.** 저는 누나에게 맞았어요.

★새단어 **Hội An** 호이 안 ⓗ (앙 ⓗ) 호이 안(도시명) | **mắng** 망 혼내다, 꾸짖다 | **đánh** 다잉 ⓗ (단 ⓗ) 때리다 |
yêu thích 이에우 틱 ⓗ (이우 틷 ⓗ) 사랑하다, 좋아하다

TRACK_199

1 mà 그런데, ~인데(접속사)

	mà 마		
Canh gì 까잉 지⑩ (깐 이⑩)		cay thế này? 까이 테 나이	무슨 국인데 이렇게 매워?
Tìm mãi 띰 마이		không thấy được 콤 터이 드억⑩ (득⑩)	찾아도 찾아도 못 찾겠어.
Khu này đẹp nhưng 쿠 나이 댑 니응		bụi lắm 부이 람	이 지역은 예쁜데 먼지가 너무 많아.
Quán này đắt (mắc) 꾸안 나이 닫⑩ (꾸앙 나이 막⑩)		lại dở 라이 저⑩ (여⑩)	이 식당은 비싼데 맛이 없어.

2 mà ~잖아요, ~거든요, ~인데요(문미 조사)

		mà 마	
Chị thích ăn cay 찌 틱 안⑩ (틷 앙⑩) 까이			언니가 맵게 먹는 것 좋아하거든.
Anh để trong tủ rồi 아잉 데 쩜 뚜 조이⑩ (안 데 쩜 뚜 로이⑩)			형이 장(캐비넷) 안에 뒀었는데.
Bên kia đang xây dựng 벤⑩ (벵⑩) 끼어 당 써이 증⑩ (이응⑩)			저쪽에서 공사 중이잖아.
Con đã hứa với mẹ (má) rồi 껀 다 흐어 버이 매 조이⑩ (껑 다 흐어 버이 마 로이⑩)			너 엄마한테 약속했잖아.

3 mà ~한(관계대명사)

	mà 마		
Đây chính là khu nghỉ dưỡng 더이 찡 라 쿠 응이 즈엉⑩ (더이 찐 라 쿠 응이 이으엉⑩)		được họ đầu tư 드억⑩ (득⑩) 허 더우 뜨	여기가 바로 그들에게 투자를 받은 리조트입니다.
Bản hợp đồng 반⑩ (방⑩) 헙 돔		cô ký ở đâu? 꼬 끼 어 더우	아주머니가 서명한 계약서가 어디에 있어요?
Đây có phải là giấy tờ 더이 꺼 파이 라 지어이⑩ (여이⑩) 떠		em bị mất? 앰 비 멑⑩ (앰 비 먹⑩)	이것 동생이 잃어버린 서류 아니니?
Đà Nẵng là nơi du lịch 다 낭 라 너이 주 릭⑩ (유 릭⑩)		được người Hàn ưa thích 드억 응어어이 한 으어 틱⑩ (득 응으이 항 으어 틷⑩)	다낭은 한국인에게 사랑을 받는 여행지이다.

Bài 29 단어 정리

TRACK_200

문자	발음	의미
bộ phim	보 핌	영화, 드라마
cầm	껌	손에 쥐다, 들다
chính	찡 ⓗ (찐 ⓢ)	바로, ~이야 말로
chuẩn bị	쭈언 ⓗ (쭈엉 ⓢ) 비	준비하다
đánh	다잉 ⓗ (단 ⓢ)	때리다
đĩa CD	디어 씨디	CD
đồ lưu niệm	도 르우 니엠 ⓗ (님 ⓢ)	기념품
Hội An	호이 안 ⓗ (앙 ⓢ)	호이 안(도시명)
mà	마	그런데, ~잖아, ~한
mắng	망	혼내다, 꾸짖다
món quà	먼 ⓗ (멍 ⓢ) 꾸아	선물
thăng chức	탕 쯕	승진하다
thế này	테 나이	이렇게
yêu thích	이에우 틱 ⓗ (이우 틷 ⓢ)	사랑하다, 좋아하다

연습 문제

1 녹음을 잘 듣고 빈칸에 들어갈 알맞은 단어를 쓰세요.

TRACK_201

① 때리다 _____   ② 혼내다 _____

③ 승진하다 _____   ④ 선물 _____

⑤ 기념품 _____   ⑥ CD _____

⑦ 영화 _____   ⑧ 좋아하다 _____

2 질문을 잘 듣고 자유롭게 대답해 보세요.

TRACK_202

① _____

② _____

③ _____

3 녹음을 잘 듣고 아래의 내용이 맞으면 O, 틀리면 X 표시하세요.

TRACK_203

① 남학생은 어머니께 혼이 났습니다. ☐

② 남학생의 아버지께서 책가방을 찾아 주셨습니다. ☐

③ 남학생은 학교에 책가방을 가져오지 않았습니다. ☐

4 제시된 두 개의 단어 중 적절한 단어를 선택해 글을 완성해 보세요.

> ① 여기가 그 부동산에서 소개해준 방입니다.
> Đây là phòng mà / cơ mà bất động sản đó giới thiệu cho.
>
> ② 그 분은 많은 사람들에게 사랑을 받는 가수입니다.
> Cô ấy là ca sĩ mà được nhiều người yêu thích. / nhiều người yêu thích được .
>
> ③ 왜 이렇게 따뜻하지? 지금 겨울인데.
> Sao ấm thế nhỉ? Bây giờ là mùa đông nhưng mà / cơ mà .

5 그림을 보고 대화를 완성해 보세요.

① Ⓐ Sao trông em vui thế?

Ⓑ _____ .

② Ⓐ Sao cậu trông có vẻ buồn nhỉ?

Ⓑ _____ .

★ 새단어

bất động sản 부동산 I **khen** 칭찬하다 I **cảnh sát** 경찰 I **phạt** 벌금을 부과하다

Bài 30

베트남어는 재밌어요!
Tiếng Việt thú vị!

 회화 익히기1

TRACK_204

학습 목표 ★càng … càng의 점적 변화 용법을 학습합니다.

Sắp hết năm thứ nhất rồi.
Khi lần đầu tiên đến Việt Nam, tôi còn chưa quen với cuộc sống ở đây.
Và thấy tiếng Việt rất khó. Nhưng tiếng Việt **càng** học **càng** thú vị.
Càng ngày tôi **càng** hiểu được nhiều tiếng Việt.
Cho nên bây giờ tôi có thể giao tiếp bằng tiếng Việt được.
Và có nhiều bạn người Việt Nam. Cuộc sống ở Việt Nam thật vui!

곧 1학년이 끝납니다.
처음 베트남에 왔을 때, 저는 이 곳에서의 생활이 아직 익숙하지 않았습니다.
그리고 베트남어가 아주 어렵게 느껴졌습니다. 하지만 베트남어는 공부하면 할수록 재밌었습니다.
날이 갈수록 저는 더 많은 베트남어를 이해할 수 있었습니다.
그래서 지금은 베트남어로 소통할 수 있습니다.
그리고 베트남 친구도 많이 있습니다. 베트남에서의 생활은 정말 즐겁습니다!

 새단어 **năm thứ nhất** 남 트 녇 ⓗ (녁 ⓢ) (대학교) 1학년, 첫 번째 해 I **còn** 껀 ⓗ (껑 ⓢ) 아직 I **cuộc sống**
꾸옥 ⓗ (꾹 ⓢ) 쏨 생활, 삶 I **càng** 깡 ~할수록 I **thú vị** 투 비 재미있는, 흥미로운 I **càng ngày** 깡 응아이
날이 갈수록 I **giao tiếp** 지아오 띠엡 ⓗ (야오 띱 ⓢ) 소통하다, 대화하다

 **QR로 보는 베트남 문화**

베트남의 교육 제도!

베트남의 정규 교육은 초등학교에서 진행되는 초등 교육과 중·고등학교에서 진행되는 중등 교육 2단계로 나뉩니다. 초등
학교는 5년(6~10세), 중학교는 4년(11~14세), 고등학교는 3년(15~17세) 과정입니다. 초등학교 5년은 의무 교육으로 정부
가 무상으로 교육을 제공합니다.

문화 30

문법 익히기1

 càng ··· càng ~할수록 ~하다

càng은 '~할수록'이라는 의미로 주로 아래와 같은 문장 형태로 쓰입니다.

- **càng** + 서술어 + **càng** + 서술어

'~할수록 ~하다'라는 의미로 어떠한 행위를 함에 따라 일이 더 진행되거나 어떠한 성질이나 특색의 변화가 있을 때에 사용합니다.

> (예) Càng sớm càng tốt. 이를수록 좋다.
>
> Càng nhiều càng tốt. 많으면 많을수록 좋다.
>
> Món này càng ăn càng ngon. 이 음식은 먹으면 먹을수록 맛있다.
>
> Tôi càng tìm hiểu về Việt Nam càng thấy hấp dẫn.
>
> 저는 베트남에 대해 알아갈수록 더욱 매력을 느껴요.

- **(càng) ngày càng** + 서술어

'날이 갈수록, 시간이 갈수록 ~하다'라는 의미로 시간의 흐름에 따라 어떠한 일이 더 진행되거나 어떠한 성질이나 특색의 변화가 있을 때에 사용합니다.

> (예) Trình độ tiếng Việt của các bạn ngày càng tốt hơn.
>
> 여러분의 베트남어 실력은 날이 갈수록 더 좋아지고 있습니다.
>
> Việt Nam càng ngày càng phát triển và hiện đại hơn.
>
> 베트남은 날이 갈수록 더 발전하고 현대화된다.
>
> Ngày càng có nhiều doanh nghiệp Hàn Quốc tiến vào thị trường Việt Nam.
>
> 날이 갈수록 많은 한국 기업들이 베트남 시장에 진출한다.

★새단어 **tìm hiểu** 띰 히에우 ⓗ(히우 ⓢ) 알아보다, 조사하다 **hấp dẫn** 헙 전 ⓗ(영 ⓢ) 매력적인, (마음을) 끌어당기다 **trình độ** 찡 도 ⓗ(찐 도 ⓢ) 실력, 수준 **phát triển** 팥 찌엔 ⓗ(팍 찡 ⓢ) 발전하다 **hiện đại** 히엔 ⓗ(힝 ⓢ) 다이 현대적인 **doanh nghiệp** 조아잉 응이엡 ⓗ(요안 응입 ⓢ) 기업 **tiến vào** 띠엔 ⓗ(띵 ⓢ) 바오 (~에) 진출하다 **thị trường** 티 쯔엉 ⓗ(쯩 ⓢ) 시장

학습 목표 ★ 두 가지 동작이 동시에 진행됨을 나타내는 vừa … vừa 표현을 학습합니다.

Chào mọi người.

Tôi là Lan, giáo viên dạy Tiếng Việt ở trường Đại Học Ngoại Ngữ.

Tôi dạy tiếng Việt đã được hơn 10 năm rồi.

Với tôi, việc dạy học vừa vui vừa thú vị.

Đặc biệt, khi thấy năng lực tiếng Việt của các sinh viên nước ngoài ngày càng giỏi lên, tôi thấy rất có ý nghĩa.

Tôi hy vọng rằng sau này, tôi có thể tiếp tục dạy và giúp được nhiều sinh viên hơn.

여러분, 안녕하세요.
저는 외국어 대학교에서 베트남어를 가르치는 교사, 란입니다.
저는 베트남어를 가르친 지 10년이 넘었습니다.
저에게 있어 가르치는 일은 즐겁기도 하고 흥미롭기도 합니다.
특히, 외국인 학생들의 베트남어 능력이 날이 갈수록 좋아지는 것을 볼 때, 저는 아주 보람을 느낍니다.
저는 앞으로도 더 많은 외국인 학생들을 도와주고 가르칠 수 있기를 바랍니다.

với 버이 ~에게 있어 | **vừa** 브어 ~하기도 하고 | **đặc biệt** 닥 비엗⒣ (빅⒥) 특히, 특별한 | **năng lực** 낭 륵 능력 | **lên** 렌⒣ (렝⒥) ~해지다 | **ý nghĩa** 이 응이어 보람, 의의, 의미 | **hy vọng** 히 범 희망하다 | **rằng** 장⒣ (랑⒥) ~라고 | **tiếp tục** 띠엡⒣ (띱⒥) 뚭 계속하다

문법 익히기 2

vừa ··· vừa ~하기도 하고 ~하기도 하다

vừa 서술어 vừa 서술어는 '~하기도 하고 ~하기도 하다, 하면서 ~하다'라는 의미로 주어가 두 가지 행동을 동시에 하거나 두 가지 특징이나 성질을 모두 가지고 있을 때에 사용합니다.

예 Hôm nay trời vừa đẹp vừa mát. 오늘 날씨가 좋기도 하고 시원하기도 하다.
Anh ấy vừa tốt bụng vừa vui tính. 그 형은 마음씨도 좋고 유쾌하기도 하다.
Chị gái vừa ăn cơm vừa xem tivi. 언니가 밥을 먹으면서 텔레비전을 본다.
Anh ấy vừa là ca sĩ vừa là diễn viên. 그 분은 가수이면서 동시에 배우이다.

lên ~해지다

'~해지다'라는 의미의 형용사 변화 표현은 긍정과 부정 두 가지로 나뉩니다.

긍정, 상승 형용사 + ra / lên
긍정적인 방향으로 변하거나 수치가 상승, 증가하는 경우에 사용합니다.

예 Bà tôi khỏe ra nhiều rồi. 우리 할머니는 많이 건강해지셨다. (긍정)
Kinh tế Việt Nam đang tốt lên. 베트남의 경제는 좋아지고 있는 중이다. (긍정, 상승)

부정, 하락 형용사 + đi
부정적인 방향으로 변하거나 수치가 하락, 감소하는 경우에 사용합니다.

예 Dạo này, thời tiết lạnh đi nhiều rồi. 요즘 날씨가 많이 추워졌다. (부정, 하락)
Tại sao em ấy gầy (ốm) đi như thế? 왜 그 애는 살이 그렇게 많이 빠졌니? (부정, 감소)

★ 새단어 tốt bụng 똗 (똑) 붕 마음씨가 좋은 | vui tính 부이 띵 (띤) 유쾌한, 성격이 좋은 |
kinh tế 낑 (낀) 떼 경제 | gầy (ốm) 거이 (옴) 몸이 마른

TRACK_206

1 **càng … càng** ~할수록 ~하다

Chúng ta 쭘 따	càng 깡	ngày 응아이	càng 깡	lạnh đi 라잉 디 ⓗ 란 디 ⓗ	날이 갈수록 날씨가 추워진다.
		ngày 응아이		giỏi tiếng Việt 지어이 띠엥 비엩 ⓗ (여이 띵 빅 ⓗ)	우리는 날이 갈수록 베트남어를 잘한다.
Gửi bảng giá 그이 방 지아 (야 ⓗ)		sớm 썸		tốt 똗 ⓗ (똑 ⓗ)	가격표는 일찍 보낼 수록 좋습니다.
Sao 싸오		ngủ lâu 응우 러우		mệt nhỉ? 멛 ⓗ (멕 ⓗ) 니	왜 오래 잘수록 더 피곤하지?

2 **lên/ra** ~해지다(긍정, 상승)

Ngày càng nóng 응아이 깡 넘	lên 렌 ⓗ (렝 ⓗ)	날이 갈수록 더워진다.
Giá thuê nhà đang tăng 지아 ⓗ (야 ⓗ) 투에 냐 당 땅		집 임대료가 올라가는 중이다.
Dạo này bác ấy trẻ 자오 ⓗ (야오 ⓗ) 나이 박 어이 째	ra 자 ⓗ (라 ⓗ)	요즘 그 아주머니는 젊어지셨다.
Sau khi kết hôn, anh ấy béo (mập) 싸우 키 껟 혼, 아잉 어이 배오 ⓗ (싸우 키 껙 혼, 안 어이 멉 ⓗ)		결혼 후에, 그 형은 살이 찐다.

3 **đi** ~해지다(부정, 하락, 감소)

Bà bị yếu 바 비 이에우 ⓗ (이우 ⓗ)		할머니가 약해지셨다.
Bơi xong rồi da tôi đen 버이 썸 조이 자 또이 댄 ⓗ (버이 썸 로이 야 또이 댕 ⓗ)	đi 디	수영을 하고 나니 피부가 검어졌다.
Vào năm nay vật giá giảm 바오 남 나이 벋 지아 지암 ⓗ (벅 야 얌 ⓗ)		올해 들어 물가가 하락했다.
Trong 10 năm qua, đường phố Việt Nam đã khác 쩜 므어이 남 꾸아 드엉 포 비엩 남 다 칵 ⓗ (쩜 므이 남 꾸아 등 포 빅 남 다 칵 ⓗ)		지난 10년 동안, 베트남의 거리가 달라졌다.

TRACK_207

문자	발음	의미
càng	깡	~할수록
càng ngày	깡 응아이	날이 갈수록
còn	껀 ⓗ (껑 ⓞ)	아직
cuộc sống	꾸옥 ⓗ (꾹 ⓞ) 쏨	생활, 삶
doanh nghiệp	조아잉 응이엡 ⓗ (요안 응입 ⓞ)	기업
đặc biệt	닥 비엗 ⓗ (닥 빅 ⓞ)	특히, 특별한
gầy	거이 ⓗ	몸이 마른
giao tiếp	지아오 띠엡 ⓗ (야오 띱 ⓞ)	소통하다, 대화하다
hấp dẫn	헙 전 ⓗ (헙 영 ⓞ)	매력적인, (마음을) 끌어당기다
hiện đại	히엔 다이 ⓗ (힝 다이 ⓞ)	현대적인
hy vọng	히 범	희망하다
kinh tế	낑 ⓗ (낀 ⓞ) 떼	경제
lên	렌 ⓗ (렝 ⓞ)	~해지다
năm thứ nhất	남 트 녇 ⓗ (녁 ⓞ)	(대학교) 1학년, 첫 번째 해
năng lực	낭 륵	능력
ốm	옴 ⓞ	몸이 마른
phát triển	팓 찌엔 ⓗ (팍 찡 ⓞ)	발전하다
rằng	장 ⓗ (랑 ⓞ)	~라고
tiến vào	띠엔 ⓗ (띵 ⓞ) 바오	(~에) 진출하다
tiếp tục	띠엡 ⓗ (띱 ⓞ) 뚭	계속하다
tìm hiểu	띰 히우에 ⓗ (히우 ⓞ)	알아보다, 조사하다
tốt bụng	똗 ⓗ (똑 ⓞ) 붐	마음씨가 좋은
thị trường	티 쯔엉 ⓗ (쯩 ⓞ)	시장
thú vị	투 비	재미있는, 흥미로운
trình độ	찡 도 ⓗ (찐 도 ⓞ)	실력, 수준
với	버이	~에게 있어
vui tính	부이 띵 ⓗ (띤 ⓞ)	유쾌한, 성격이 좋은
vừa	브어	~하기도 하고
ý nghĩa	이 응이어	보람, 의의, 의미

연습 문제

1 녹음을 잘 듣고 빈칸에 들어갈 알맞은 단어를 쓰세요.

TRACK_208

① 희망하다 _____

② 능력 _____

③ 흥미로운 _____

④ 소통하다 _____

⑤ 매력적인 _____

⑥ 발전하다 _____

⑦ 경제 _____

⑧ 수준, 실력 _____

2 녹음을 잘 듣고 아래의 내용이 맞으면 O, 틀리면 X 표시하세요.

TRACK_209

① 여자는 몸이 아파서 살이 빠졌습니다. ☐

② 여자는 운동을 열심히 하고 있습니다. ☐

③ 여자는 많이 건강해지고 있습니다. ☐

3 다음 중 틀린 문장만 골라 바르게 고쳐 보세요.

① Tôi và chạy bộ vừa nghe nhạc.

_____.

② Khi tôi thăng chức, lương của tôi cũng tăng đi.

_____.

③ Trẻ em lớn lên nhanh thật!

_____.

④ Càng biết về ông ấy, tôi cần thấy ông ấy là người tốt.

_____.

4 질문을 잘 듣고 주어진 그림을 보며 자유롭게 대답해 보세요.

TRACK_210

① _____
_____
_____

② _____
_____
_____

③ _____
_____
_____

④ _____
_____
_____

★새단어

trẻ em 어린이 **| quá trình** 과정 **| phát âm** 발음, 발음하다 **| ngữ pháp** 어법, 문법 **|
trung cấp** 중급

부록

정답 및 해설

Bài 01 안녕하세요! P30-31

1 ① con ② hẹn ③ bác
④ cậu ⑤ mình ⑥ anh chị

2 ① A: **Xin chào!** 안녕하세요!

B: **Chào anh!** 오빠, 안녕하세요!

② A: **Em chào chị!** 누나, 안녕히 가세요!

B: **Hẹn gặp lại em!** 동생아, 또 만나자!

3 ① O ② O

A: Em chào anh. 오빠, 안녕히 계세요.

B: Chào em. Hẹn gặp lại. 동생아 안녕. 또 만나자.

4 ① ông ② thầy ③ hẹn
④ chào ⑤ gặp ⑥ lại

5 ① A: **Cháu chào ông!** 할아버지, 안녕하세요!

B: **(Ông) chào cháu!** 얘야, 안녕!

② A: **Chào bạn.** 친구야, 안녕.

B: **Hẹn gặp lại.** 또 만나자.

Bài 02 반가워요. P38-39

1 ① cũng ② lâu ③ ơi
④ không ⑤ rất ⑥ rồi

2 ① A: **Anh Hải ơi!** 하이 오빠!

B: **Ừ.** 응.

② A: **Rất vui được gặp chị.** 만나서 반갑습니다.

B: **Chào anh. Tôi cũng rất vui được gặp anh.**
안녕하세요. 저도 당신을 만나서 반갑습니다.

3 ① X ② O

A: **Hải ơi! Lâu rồi mới gặp em.** 하이야! 오랜만이야.

B: **Vâng. Em chào chị. Lâu rồi mới gặp chị.**
네. 누나, 안녕하세요. 오랜만이에요.

4 ① vui ② rất ③ được
④ hạnh phúc ⑤ tốt ⑥ lâu

5 ① A: **Rất vui được gặp chú.** 삼촌, 만나서 반갑습니다.

B: **Chú cũng rất vui được gặp cháu.**
삼촌도 너를 만나서 아주 반가워.

② A: **Cô Lan ơi! Lâu rồi không gặp cô.**
란 선생님! 오랜만이에요.

B: **Ừ. Lâu rồi không gặp em.** 응. 오랜만이구나.

Bài 03 고마워요. 미안해요. P46-47

1 ① các ② rảnh ③ dạ
④ không sao ⑤ gì ⑥ xin lỗi

2 ① A: **Xin cảm ơn!** 감사합니다!

B: **Không có gì (chi) đâu.** 천만에요.

② A: **Em xin lỗi chị ạ.** 누나, 죄송해요.

B: **Không sao.** 괜찮아.

3 ① X ② X

A: Thầy xin lỗi các em. 선생님이 너희들에게 미안해.

B: Không sao đâu, thầy ạ. 괜찮아요, 선생님.

4 ① đâu ② mệt ③ cảm ơn
④ xin lỗi ⑤ không có ⑥ các bạn

5 ① A: **Cảm ơn Mai.** 마이야, 고마워.

B: **Không có gì.** 천만에(요).

② A: **Xin lỗi các chị ạ.** 누나들, 죄송해요.

B: **Không sao đâu.** 괜찮아.

Bài 04 잘 지내요? P54-55

1 ① bình thường ② cao ③ bận
④ Đà Nẵng ⑤ hơi ⑥ bọn anh

2 ① A: Lâu rồi không gặp. Anh **có khỏe không**?
오랜만이에요. 당신이 잘 지내셨어요?

B: Cảm ơn chị. Tôi **khỏe**. 감사합니다. 저는 잘 지냈어요.

Chị **khỏe không**? 당신은 잘 지내셨어요?

A: Tôi **cũng khỏe**. 저도 잘 지냈습니다.

② A: Tiếng Việt **có hay không**? 베트남어는 재미있어요?

B: **Có**. Tiếng Việt **hay lắm**. 네, 베트남어는 아주 재미있어요.

A: **Có thật** không? 정말이에요?

B: **Thật**! 정말이에요!

3 ① X ② O
A: Các anh có lạnh không? 여러분 추우세요?

B: Không. Chúng tôi không lạnh đâu.
아니요. 저희는 전혀 춥지 않아요.

Chị có lạnh không? 당신은 추우세요?

A: Có. Tôi hơi lạnh. 네. 저는 약간 추워요.

4 ① khá ② cà phê ③ nóng
④ tiếng Việt ⑤ khỏe ⑥ đẹp

5 ① A: **Các chị có khỏe không ạ?** 누나들 잘 지내세요?

B: **Có. Bọn chị rất khỏe.** 응. 우리 아주 잘 지내.

② A: Đà Nẵng **có đẹp không**? 다낭은 아름답니?

B: **Có. Đà Nẵng đẹp lắm!** 응. 다낭은 아주 아름다워!

Bài 05 선생님, 성함이 어떻게 되세요? P62-63

1
① Anh ơi, em ấy là ai?
오빠, 그 동생은 누구예요?

ⓐ Có. Thành phố Hồ
Chí minh rất lớn.
네. 호치민시는 아주 커요.

② Thành phố Hồ
Chí Minh có lớn
không?
호치민시는 커요?

ⓑ Tên chị là Hiền.
제 이름은 히엔이에요.

③ Em chào chị.
Chị tên là gì ạ?
안녕하세요. 당신의
이름이 무엇이에요?

ⓒ Ừ, đây là em gái
của anh.
응, 이 사람은 내 여동
생이야.

2 ① A: **Bạn tên là gì**? 너는 이름이 뭐니?

B: **Tên tớ là Mỹ.** 내 이름은 미야.

② A: Đây là gì? 이것은 무엇이에요?

B: Đây là xe máy. 이것은 오토바이예요.

A: Đây là xe máy **của ai**? 이것은 누구의 오토바이예요?

B: Đây là xe máy **của mẹ (má)**.
이것은 엄마의 오토바이예요.

3 ① O ② X
A: Em ấy là ai? 그 동생은 누구니?

B: Em ấy là em trai của em. 그 동생은 나의 남동생이에요.

A: Em trai của em tên là gì? 너의 남동생은 이름이 뭐니?

B: Em trai của em tên là Hoàng.
나의 남동생 이름은 호앙입니다.

4 ① em trai ② ông ấy ③ tên
④ đồng nghiệp ⑤ ai ⑥ sách

5 ① A: **Cháu tên là gì? / Tên cháu là gì?** 네 이름은 뭐니?

B: **Cháu tên là Thúy ạ.** 제 이름은 투이입니다.

② A: **Đây là điện thoại của ai?** 이것은 누구의 전화기예요?

B: **Đây là của chị.** 이것은 내 것이야.

Bài 06   저는 한국 사람입니다.   P70-71

1

① Chị có hiểu tiếng
Việt không?
당신은 베트남어를
이해하세요?

② Anh là người
nước nào?
당신은 어느 나라 사람
입니까?

③ Em tên là gì?
네 이름은 뭐니?

ⓐ Dạ, tôi là người
Hàn Quốc.
저는 한국인입니다.

ⓑ Có. Chị hiểu tiếng
Việt.
네. 저는 베트남어를
이해해요.

ⓒ Em tên là Thúy ạ.
제 이름은 투이입니다.

2 ① A: Anh chị là **người nước nào?**
여러분은 어느 나라 사람입니까?

B: **Chúng tôi là người Việt.** 저희는 베트남 사람입니다.

② A: Ông bà có **uống trà đá không ạ?**
할아버지, 할머니 차가운 차를 드시겠어요?

B: Có. Bà **uống trà đá.** 응. 나는 차가운 차를 마셔.

C : Không. Ông **uống trà nóng.**
아니. 나는 뜨거운 차를 마셔.

3 ① O   ② O   ③ X
A: Em chào chị ạ. Chị là người nước nào?
안녕하세요. 당신은 어느 나라 사람입니까?

B: Chào em. Chị là người Mỹ. Còn em?
안녕하세요. 저는 미국 사람이에요. 당신은요?

A: Em là người Nhật ạ. Rất vui được gặp chị.
저는 일본 사람이에요. 당신을 만나게 돼서 반갑습니다.

B: Chị cũng rất vui được gặp em.
저도 당신을 만나게 돼서 반갑습니다.

4 ① Việt Nam   ② người Hàn Quốc   ③ nào
④ nước   ⑤ thích   ⑥ đá

5 ① A: **Các bạn có thích cà phê sữa đá không?**
너희들 아이스 밀크 커피를 좋아해?

B: Có. Bọn mình rất thích cà phê sữa đá.
응. 우리는 아이스 밀크 커피를 아주 좋아해.

② A: Em có cần điện thoại không?
너는 전화기가 필요하니?

B: **Không. Em không cần điện thoại.**
아니. 나는 전화기가 필요없어.

Bài 07   무슨 일을 하세요?   P78-79

1

① Các em làm nghề
gì?
여러분, 무슨 일을
하세요?

② Đây có phải là
đường Bà Triệu
không?
여기는 바 찌에우 길이
에요?

③ Chị có phải là người
Seoul không?
당신은 서울 사람입니까?

ⓐ Dạ, không. Đây là
đường Nguyễn
Trãi.
아니요. 여기는 응우이엔
짜이 길이에요.

ⓑ Phải. Tôi là người
Seoul.
네. 저는 서울 사람
입니다.

ⓒ Chúng em là nhân
viên công ty.
저희는 회사원입니다.

2 ① A: **Em làm gì?** 당신은 무슨 일을 하세요?

B: **Em là sinh viên.** 저는 대학생입니다.

Em học tiếng Hàn. 저는 한국어를 공부합니다.

② A: Cô ấy **có phải là bác sĩ không?** 그녀는 의사입니까?

B: Không phải. Cô ấy **không phải là bác sĩ.**
아닙니다. 그녀는 의사가 아닙니다.

Cô ấy **là y tá.** 그녀는 간호사입니다.

3 ① X ② O

A: Em ơi, anh ấy là ai? 동생, 그 사람은 누구니?

B: À, anh ấy là anh Hùng. 아, 그는 훔 형이에요.

A: Anh Hùng có phải là nhân viên ngân hàng không? 훔 씨는 은행원이니?

B: Không phải. Anh Hùng là nhân viên công ty.
아니요. 훔 형은 회사 직원이에요.

4 ① công ty ② nhà ③ du lịch
④ cơm ⑤ việc ⑥ nghề

5 ① A: **Em làm gì?** 당신은 무엇을 하세요?

B: Dạ, em làm cà phê. 저는 커피를 만들어요.

② A: **Đây có phải là ảnh (hình) gia đình của cậu không?** 이것은 네 가족 사진이니?

B: Ừ. Đây là ảnh (hình) gia đình của tớ.
응. 이것은 내 가족 사진이야.

1

① Bạn thích học tiếng Việt, phải không?
너는 베트남어 공부를 좋아해, 맞지?

② Sở thích của chị là gì ạ?
당신의 취미는 뭐예요?

③ Em không muốn đi ăn cơm, phải không?
너는 밥을 먹으러 가고 싶지 않아, 그렇지?

ⓐ Vâng, em không muốn đi.
네, 나는 가고 싶지 않아요.

ⓑ Chị thích đi dạo.
나는 산책을 좋아해요.

ⓒ Phải. Mình thích học tiếng Việt lắm.
응. 나는 베트남어 공부를 아주 좋아해.

2 ① A: Bạn thích chơi game, **phải không?**
너는 게임하는 것을 좋아해, 맞지?

B: **Không phải**, mình không thích chơi game.
아니야, 나는 게임하는 것을 좋아하지 않아.

A: Bạn **thích làm gì?** 너는 뭐하는 것을 좋아해?

B: Sở thích của mình là **chơi bóng đá.**
내 취미는 축구하는 거야.

② A: Chị có **thích đi nhảy** không?
춤추러 가는 것을 좋아해요?

B: Không, chị không **thích đi nhảy đâu.**
아니, 나는 춤추러 가는 것을 전혀 좋아하지 않아.

3 ① X ② O

A: Sở thích của anh là gì ạ? 오빠의 취미는 뭐예요?

B: Sở thích anh là xem bóng đá.
오빠의 취미는 축구를 보는 거야.

Còn em có thích bóng đá không?
그리고 너는 축구를 좋아하니?

A: Không ạ. Em không thích bóng đá lắm.
아니요. 나는 축구를 별로 좋아하지 않아요.

④ ① sở thích   ② đi dạo   ③ muốn
④ khó   ⑤ ngon   ⑥ nói

⑤ ① A: Cà phê không ngon lắm, phải không chị?
커피가 별로 맛있지 않아요, 그렇죠?

B: **Không phải, cà phê ngon lắm!**
아니요, 커피가 아주 맛있어요!

② A: Em có hiểu không? 너는 이해되니?

B: **Không ạ. Em không hiểu lắm.**
아니요. 저는 이해가 잘 안 돼요.

Bài 09	베트남에 일하러 왔어요. P94-95

1

① Tại sao bạn không đi chơi?
왜 너는 놀러가지 않아?

ⓐ Mình ăn nhanh vì không có thời gian.
나는 시간이 없어서 빨리 먹어.

② Bạn đi nhà sách để làm gì?
너는 서점에 뭐하러 가?

ⓑ Để mua sách tiếng Anh.
영어책을 사려고 해.

③ Sao bạn ăn nhanh?
왜 너는 빨리 먹니?

ⓒ Tại vì mình bận quá.
왜냐하면 나는 너무 바쁘기 때문이야.

2 ① A: Em sang Việt Nam **để làm gì?**
너는 베트남에 무엇을 하러 왔니?

B: Em sang Việt Nam **để** học tiếng Việt ạ.
저는 베트남어를 공부하러 베트남에 왔어요.

A: Học tiếng Việt **khó, phải không?**
베트남어 공부하는 것이 어려워, 그렇지?

B: Vâng, học tiếng Việt **hơi khó.**
네, 베트남어 공부는 약간 어려워요.

② A: Em mệt quá! 저 너무 피곤해요!

B: **Sao em?** 왜 동생아?

A: **Vì em làm việc nhiều.**
왜냐하면 저는 일을 너무 많이 하기 때문이에요.

B: Cố lên em! 힘내!

3 ① X   ② X   ③ O

A: Bạn có rảnh không? 너는 시간이 있어?(한가하니?)

B: Có. Sao bạn? 있어. 왜?

A: Vì mình muốn đến rạp chiếu phim để xem phim. Bạn có đi không?
왜냐하면 나는 영화를 보러 극장에 가고 싶기 때문이야. 너도 갈래?

A: Có. Mình thích xem phim lắm.
응. 나는 영화 보는 것을 아주 좋아해.

4 ① nhanh   ② sống   ③ văn hóa
④ buồn ngủ   ⑤ du học   ⑥ dạy

5 ① A: Sao chị không uống cà phê?
왜 언니는 커피를 안 마셔요?

B: **Vì cà phê nóng quá.**
왜냐하면 커피가 너무 뜨겁기 때문이야.

② A: Cậu đi công viên để làm gì?
너는 공원에 무엇을 하러 가니?

B: **Tớ đi công viên để tập thể dục.**
나는 운동하려고 공원에 가.

Bài 10   어디에서 사니?   P102-103

1

① Bạn có ở nhà không?
너는 집에 있니?

ⓐ Không. Mình không ở nhà. Mình ở ngoài.
아니. 나는 집에 없어. 밖에 있어.

② Anh chị ăn cơm ở đâu?
여러분, 어디에서 식사 하세요?

ⓑ Bút em ở trong túi ạ.
내 펜은 가방 안에 있어요.

③ Chào Dương. Cậu đi đâu đấy?
즈엉 안녕. 너는 어디에 가?

ⓒ Chúng tôi ăn cơm ở kia.
저희는 저기에서 밥을 먹어요.

④ Bút của em ở đâu?
네 펜은 어디에 있니?

ⓓ Chào Dũng. Tớ đi học.
줌 안녕. 나는 학교에 가.

2 ① ⓐ

A: Chợ ở đâu? 시장이 어디에 있습니까?

B: Chợ ở bên cạnh trường đại học.
시장은 대학교 옆에 있습니다.

② ⓓ

A: Tại sao em không có mũ (nón) bảo hiểm?
왜 너는 헬멧이 없어?

B: Mũ (Nón) bảo hiểm của em ở kia. Ở dưới bàn.
나의 헬멧은 저기에 있어요. 책상 아래에 있어요.

3 ① X   ② O   ③ X

A: A lô. Chị ơi, chị ở đâu đấy?
여보세요. 누나, 누나는 어디에 있어요?

B: Chị ở trong phòng chị. Sao em? 나는 내 방에 있어. 왜?

A: Em muốn đi ra ngoài. Chị đi cùng không?
나는 밖에 나가고 싶어요. 누나가 같이 갈래요?

B: Không. Chị muốn nghỉ ở nhà.
아니. 나는 집에서 쉬고 싶어.

4 ① cạnh   ② siêu thị   ③ gần đây
④ trường   ⑤ đi công tác   ⑥ văn phòng

5 ① A: Chị đi đâu ạ? 지아 씨, 어디에 가요?

B: Chị đi gặp chị Lan. 나는 란 언니를 만나러 가요.

② A: Cháu học tiếng Việt ở đâu?
너는 베트남어를 어디에서 배우니?

B: Cháu học tiếng Việt ở trường đại học ạ.
저는 대학교에서 베트남어를 배워요.

Bài 11   하나 둘 셋   P107

1 ① O   ② X   ③ X   ④ O   ⑤ X

2 ① 30 - ba mươi 삼십

② 103 - một trăm linh (lẻ) ba 백삼

③ 25.000 - hai mươi lăm nghìn (ngàn) 이만오천

④ 150.000 - một trăm năm mươi nghìn (ngàn)
십오만

⑤ 7.500.000 - bảy triệu năm trăm nghìn (ngàn)
칠백오십만

3 ① 1 - một 일

② 15 - mười lăm 십오

③ 321 - ba trăm hai mươi mốt 삼백이십일

④ 62.500 - sáu mươi hai nghìn (ngàn) năm trăm
육만이천오백

⑤ 80.000.000 - tám mươi triệu 팔천만

Bài 12 — 이건 뭐예요? P114-115

1 ① ly ② nón lá ③ cái kia ④ con
⑤ đỏ ⑥ truyền thống ⑦ quạt ⑧ cái đó

2 ① X ② O ③ X

A: Chị ơi, cái áo kia là của ai? 누나, 저 옷은 누구 거예요?

B: Áo nào, em? 어떤 옷이야?

A: Cái áo màu đỏ ở trên ghế kia.
저 의자 위에 있는 빨간색 옷이요.

B: Ừm, chị cũng không biết. 음, 나도 모르겠어.

3 ① con ~마리 ② đôi 쌍, 켤레
③ tờ 장, 부 ④ quyển (cuốn) 권

4 ① X ② O ③ X

① hai quả (trái) táo ngon này 이 맛있는 사과 두 개

② một chiếc áo màu trắng đó 그 흰색 옷 한 개

③ ba quyển (cuốn) sách tiếng Việt kia
저 베트남어 책 세 권

5 ① A: Cái này tiếng Việt gọi là gì ạ?
이것은 베트남어로 무엇이라고 불러요?

B: Cái này tiếng Việt gọi là máy tính xách tay.
이것은 베트남어로 노트북이라고 불러.

② A: Hai cái bút màu xanh này là của ai?
이 파란색 펜 두 개는 누구 거예요?

B: Hai cái đó đều là của em.
그 두 개는 모두 제 거예요.

Bài 13 — 가족이 몇 명 있니? P122-123

1 ① bãi đỗ xe ② khách sạn ③ bao nhiêu ④ thẻ
⑤ áo mưa ⑥ máy rút tiền ⑦ tất cả ⑧ con bò

2 ① Bạn có anh trai không? 당신은 형(오빠)이 있어요?

[모범 답안] Tôi có 1 anh trai. 저는 형(오빠) 한 명이 있어요.

② Bạn có mấy anh chị em? 당신은 형제자매가 몇 명 있어요?

[모범 답안] Tôi là con một. 저는 외동이에요.

③ Ở nhà bạn có tivi không?
당신의 집에는 텔레비전이 있어요?

[모범 답안] Có. Ở nhà tôi có tivi.
네. 우리 집에는 텔레비전이 있어요.

3 ① X ② O ③ X

A: Nhà bạn có chó không? 너네 집에는 개가 있니?

B: Không. Nhà mình không có chó. Nhà mình nuôi mèo.
아니. 우리 집에는 개가 없어. 우리 집은 고양이를 길러.

A: Thế à (Vậy hả)? Có mấy con? 그래? 몇 마리가 있어?

B: Có hai con. Một con đen và một con vàng.
두 마리 있어. 하얀 거 (고양이) 한 마리랑 노란 거 (고양이) 한 마리가 있어.

A: Thích thế (vậy)!
좋겠다!

4 ① Trong phòng có quạt không? 방 안에 선풍기가 있어요?

[모범 답안] Không có. Trong phòng không có quạt.
없어요. 방 안에 선풍기가 없어요.

② Máy tính xách tay ở đâu? 노트북은 어디에 있어요?

[모범 답안] Máy tính xách tay ở trên bàn.
노트북은 책상 위에 있어요.

③ Trên bàn có mấy quyển (cuốn) sách?
책상 위에 책이 몇 권 있어요?

모범 답안 Trên bàn có ba quyển (cuốn) sách.
책상 위에 책이 세 권 있어요.

④ Trong phòng có đèn không? 방 안에 전등이 있어요?

모범 답안 Có. Trong phòng có một cái đèn.
네. 방 안에 전등이 한 개 있어요.

5 ① A: Trong thùng này có bao nhiêu quả (trái)
cam? 이 박스 안에 오렌지가 몇 개 있어요?

B: Trong thùng này có 12 quả (trái) cam.
이 박스 안에 오렌지가 12개 있어요.

② A: Cậu có thời gian không? 너는 시간이 있니?

B: Có. Có việc gì Mai? 응. 무슨 일 있어, 마이야?

Bài 14 올해 몇 살이니? P130-131

1 ① ⓑ   ② ⓐ   ③ ⓒ

Hoàng : Mai và Tuấn, các em tuổi con gì?
마이와 뚜언. 너희들 무슨 띠야?

Mai : Em tuổi trâu ạ. Tuấn tuổi con hổ, phải không?
저는 물소띠예요. 뚜언은 호랑이띠야, 맞지?

Tuấn : Phải. Em tuổi hổ. Còn anh Hoàng tuổi gì ạ?
맞아요. 저는 호랑이띠예요. 호앙 형은 무슨 띠예요?

Hoàng : Anh tuổi con dê đấy. 형은 염소띠야.

2 ① Năm nay, bạn bao nhiêu tuổi rồi?

올해 당신은 몇 살 되었습니까?

모범 답안 Năm nay, tôi 25 tuổi rồi.
올해 저는 25살 되었습니다.

② Bạn sinh năm mấy? 당신은 몇 년생입니까?

모범 답안 Tôi sinh năm 90. 저는 90년생입니다.

③ Bạn tuổi con gì? 당신은 무슨 띠입니까?

모범 답안 Ở Hàn Quốc, tôi tuổi con cừu.
Nhưng ở Việt Nam, tôi tuổi dê.
한국에서 저는 양띠입니다. 하지만 베트남에서는 염소
띠입니다.

3 ① X   ② X   ③ O

A: Em và Thái bằng tuổi nhau, phải không?
너랑 타이는 동갑이야, 그렇지?

B: Dạ, không. Em sinh năm 89, còn Thái sinh năm
91 ạ. 아니에요. 저는 89년생이고, 타이는 91년생이에요.

4 A: Các em bao nhiêu tuổi? 너희들 몇 살이니?

B: Em 21 tuổi rồi ạ. 저는 21살 됐어요.

C: Em cũng thế (vậy). 저도 그래요.

B: Chúng em bằng tuổi nhau. 저희는 서로 동갑이에요.

5 ① A: Bà bao nhiêu tuổi ạ? 할머니는 연세가 어떻게 되세요?

B: Bà 80 tuổi rồi. 할머니는 80세야.

② A: Cháu sinh năm mấy? / Cháu sinh năm bao
nhiêu? 너는 몇 년생이니?

B: Cháu sinh năm 2010 ạ. 저는 2010년생입니다.

Bài 15 — 소개하겠습니다.   P138-139

1 ① nằm ở ② nhà hàng ③ món ăn ④ sân vận động
⑤ đắt (mắc) ⑥ địa chỉ ⑦ cũ ⑧ nổi tiếng

2

① Đây là ai?
이 사람은 누구입니까?

→ ⓐ Công ty em nằm ở số 93, đường Lê Duẩn.
제 회사는 레 주언 길 93번지에 위치해 있습니다.

② Anh Lâm ở đâu rồi?
럼 씨는 어디에 갔어요?

→ ⓑ Xin giới thiệu với chị. Đây là nhân viên mới.
당신께 소개하겠습니다. 이 사람은 새 직원습니다.

③ Địa chỉ công ty em là gì?
당신 회사의 주소가 무엇이에요?

→ ⓒ Anh ấy đã về nhà rồi.
그는 집에 돌아갔어요.

④ Năm nay, ông ấy 76 tuổi rồi.
올해 그 할아버지는 76세가 되셨습니다.

→ ⓓ Ông ấy đã nhiều tuổi rồi.
그 할아버지는 나이가 많이 드셨습니다.

3 ① X ② O ③ X

A: Bạn nói tiếng Việt giỏi quá! Bạn học tiếng Việt ở đâu thế (vậy)?
너는 베트남어를 참 잘하는구나! 너는 베트남어를 어디서 공부하는 거야?

B: Mình tự học ở nhà. Mình đã học tiếng Việt được 1 năm rồi.
나는 집에서 독학해. 나는 베트남어를 공부한 지 1년 되었어.

A: Thế à (Vậy hả)? Học tiếng Việt có khó không?
그래? 베트남어 공부는 어렵니?

B: Khó nhưng hay lắm. Mình rất thích học tiếng Việt.
어렵지만 아주 재밌어. 나는 베트남어 공부를 아주 좋아해.

4 모범답안은 <회화 익히기 1> 본문 내용을 참고하세요.

5 ① A: Địa chỉ nhà hàng ABC là gì? / Địa chỉ nhà hàng ABC ở đâu? ABC 식당의 주소가 뭐예요?

B: Địa chỉ nhà hàng ABC là số 341, phố Nguyễn Du. ABC 식당의 주소는 응우이엔 주 길 341번지예요.

② A: Xin giới thiệu. Đây là chị Lan.
소개하겠습니다. 이 분은 란 씨입니다.

B: Em rất vui được gặp chị.
당신을 만나게 돼서 반갑습니다.

Bài 16 — 지금 몇 시예요?   P146-147

1 ⓒ - ⓐ - ⓓ - ⓔ - ⓑ

Đây là một ngày của anh Cường.
이것은 끄엉 씨의 하루입니다.

ⓒ 5 giờ sáng, anh Cường đến công viên để chạy bộ.
아침 5시에 끄엉 씨는 조깅을 하기 위해 공원에 갑니다.

ⓐ Anh ấy đi làm lúc 8 giờ sáng và về đến nhà lúc khoảng 6 giờ tối.
그는 아침 8시에 출근하고 저녁 6시에 집에 갑니다.

ⓓ Vào buổi tối, anh ấy ăn tối cùng với gia đình.
저녁에는 가족과 함께 저녁을 먹습니다.

ⓔ Sau đó, hai vợ chồng cùng làm việc nhà.
그 후에는 부부가 함께 집안일을 합니다.

ⓑ Khoảng 10 giờ rưỡi, anh ấy đi ngủ.
대략 10시 반에 그는 잠자리에 듭니다.

2 ① Bây giờ là mấy giờ? 지금 몇 시입니까?

모범 답안 Bây giờ là 3 giờ 34 chiều.
지금은 오후 3시 34분입니다.

모범 답안 **Bây giờ là hơn 5 giờ.**
지금은 5시가 조금 넘었습니다.

② **Bạn thức dậy lúc mấy giờ?** 당신은 몇 시에 일어납니까?

모범 답안 **Tôi thức dậy lúc 7 giờ.**
저는 정각 7시에 일어납니다.

③ **Bạn có ăn sáng không? Ăn lúc mấy giờ?**
당신은 아침을 먹습니까? 몇 시에 먹습니까?

모범 답안 **Có. Tôi ăn sáng lúc khoảng 8 giờ.**
네. 저는 8시쯤에 아침을 먹습니다.

모범 답안 **Không. Tôi không ăn sáng.**
아니요. 저는 아침을 먹지 않습니다.

③ ① O   ② O   ③ X

A: **Bây giờ mấy giờ rồi, anh?** 지금 몇 시 됐어, 오빠?

B: **10 giờ 45. Sao em?** 10시 45분이야. 왜?

A: **Em đói quá! Em muốn đi ăn trưa.**
배가 너무 고파! 점심 먹으러 가고 싶어.

B: **11 giờ là giờ nghỉ trưa. 15 phút sau, chúng ta đi ăn cơm.**
11시가 점심 시간이야. 15분 뒤에 우리 밥 먹으러 가자.

④ ① bây giờ   ② cuộc họp   ③ Thái Lan
④ mấy giờ   ⑤ sau đó   ⑥ bắt đầu

⑤ ① A: **Bây giờ là mấy giờ?** 지금 몇 시입니까?

B: **Bây giờ là 9 giờ 55 sáng.**
지금 오전 9시 55분입니다.

Bây giờ là 10 giờ kém 5.
지금 10시 5분 전입니다.

② A: **Phim bắt đầu lúc mấy giờ?** 영화가 몇 시에 시작하니?

B: **Phim bắt đầu lúc 4 giờ 30.**
영화는 4시 30분에 시작해.

Phim bắt đầu lúc 4 giờ rưỡi.
영화는 4시 반에 시작해.

Bài 17   **오늘 며칠이에요?**   P156-157

① ① chúc mừng   ② tặng   ③ hôm kia   ④ sinh nhật
⑤ năm mới   ⑥ thứ tư   ⑦ dịch   ⑧ hoa

② ① **Tháng sau là tháng mấy?** 다음 달은 몇 월입니까?

모범 답안 **Tháng sau là tháng 8.** 다음 달은 8월입니다.

② **Hôm nay là ngày bao nhiêu?** 오늘은 며칠입니까?

모범 답안 **Hôm nay là ngày 16.** 오늘은 16일입니다.

③ **Bạn thích làm gì vào cuối tuần?**
당신은 주말에 무엇을 하는 것을 좋아합니까?

모범 답안 **Tôi thích đi chơi vào cuối tuần.**
저는 주말에 놀러가는 것을 좋아합니다.

③ ① X   ② X   ③ O

A: **Sao con không đi học? Con muộn rồi!**
왜 학교에 안 가니? 너 늦었어!

B: **Hôm nay con nghỉ học. Hôm nay là chủ nhật ạ.**
오늘 저는 학교에 안 가요. 오늘은 일요일이에요.

④

해석
Hôm nay là ngày đầu tiên của tháng sáu.
오늘은 6월의 첫 번째 날입니다.

Hôm nay tôi đi mua quà vì ngày mùng 3 là sinh nhật của Yoon.
3일은 윤의 생일이기 때문에 오늘 저는 선물을 사러 갑니다.

Chủ nhật tuần này, tôi và các bạn gặp nhau, chúc mừng sinh nhật của Yoon.
저와 친구들은 이번 주 일요일에 만나서 윤의 생일을 축하할 것입니다.

① **Hôm nay là thứ mấy, ngày mấy?**
오늘은 무슨 요일, 며칠입니까?

모범 답안 **Hôm nay là thứ sáu, ngày mồng 1.**
오늘은 금요일 1일입니다.

② Sinh nhật của Yoon là ngày bao nhiêu?
윤의 생일은 며칠입니까?

모범 답안 Sinh nhật của Yoon là ngày mồng 3 tháng 6. 윤의 생일은 6월 3일입니다.

③ Các bạn gặp nhau vào ngày bao nhiêu?
친구들은 며칠에 만납니까?

모범 답안 Các bạn gặp nhau vào ngày mồng 3. 친구들은 3일에 만납니다.

5 ① A: Hôm nay là ngày bao nhiêu? 오늘은 며칠입니까?

B: Hôm nay là ngày 18 tháng 10.
오늘은 10월 18일입니다.

② A: Em bắt đầu học tiếng Việt vào năm bao nhiêu? 당신은 몇 년도에 베트남어 공부를 시작했습니까?

B: Em bắt đầu học tiếng Việt vào năm 2021.
저는 2021년도에 베트남어 공부를 시작했습니다.

Bài 18 너희들 이해했니?　　　P164-165

1 ① giao hàng　② khi nào　③ rõ　④ rối
⑤ giải thích　⑥ mua sắm　⑦ hàng　⑧ khách

2 ① Khi nào bạn sẽ đi du lịch? 당신은 언제 여행갈 것입니까?

모범 답안 Tôi sẽ đi du lịch vào tháng sau.
저는 다음 달에 여행갈 것입니다.

② Bạn đã bắt đầu học tiếng Việt bao giờ?
당신은 언제 베트남어 공부를 시작했습니까?

모범 답안 Tôi đã bắt đầu học tiếng Việt vào tháng 5 năm ngoái.
저는 작년 5월에 베트남어 공부를 시작했습니다.

③ Hôm nay bạn đã ăn sáng chưa?
오늘 당신은 아침을 먹었습니까?

모범 답안 Rồi. Tôi đã ăn sáng rồi.
네. 저는 아침을 먹었습니다.

Chưa. Tôi chưa ăn sáng.
아직입니다. 저는 아직 아침을 먹지 않았습니다.

Không. Hôm nay tôi không ăn sáng.
아니요. 오늘 저는 아침을 먹지 않습니다.

④ Cuối tuần này bạn sẽ làm gì?
주말에 당신은 무엇을 할 것입니까?

모범 답안 Cuối tuần này tôi sẽ gặp bạn để chơi bóng đá. 이번 주말에 저는 축구를 하기 위해 친구를 만날 것입니다.

3 ① O　② O　③ X
A: Anh đã gọi điện cho sếp chưa?
당신은 사장님께 전화했나요?

B: Rồi. Anh đã gọi rồi. Nhưng máy đang bận.
했어요. 저는 전화했어요. 그런데 통화 중이에요.

A: Thế à (Vậy hả)? 그래요?

B: Lát nữa anh sẽ gọi lại. 이따가 다시 전화할게요.

4 A: Khi nào cô Châu sẽ về nước?
쩌우 씨는 언제 귀국하시나요?

B: Cô ấy đã về nước rồi. 그녀는 이미 귀국했어요.

A: Cô ấy đã về bao giờ? 그녀는 언제 귀국했나요?

B: Cô ấy về nước vào tháng trước. / Vào tháng trước, cô ấy về nước. 지난 달에 그녀는 귀국했어요.

5 ① A: Cậu đang làm gì? 뭐하고 있어?

B: Tớ đang chơi game. 게임하고 있어.

② A: Cô đã ăn cơm chưa ạ? 선생님, 식사하셨어요?

B: Chưa. Cô chưa ăn cơm. 아직이야. 밥을 아직 안 먹었어.

1

① Em đã bao giờ nói chuyện với người dân tộc chưa?
너는 소수민족 사람과 대화해 본 적 있니?

ⓐ Tớ vẫn chưa biết. Còn cậu thèm gì?
나는 아직도 모르겠어. 그런데 너는 무엇을 먹고 싶어?

② Cậu định ăn gì?
너는 무엇을 먹기로 했어?

ⓑ Chưa ạ. Em chưa bao giờ nói chuyện với người dân tộc.
아직이요. 저는 소수민족 사람과 대화해 본 적 없어요.

③ Sắp về chưa, con?
곧 (집에) 돌아오니, 얘야?

ⓒ Sắp rồi ạ. 5 phút sau con về nhà ạ.
곧이요. 5분 후에 저 집에 도착해요.

④ Bạn đã đến thăm Bảo tàng Lịch sử lần nào chưa?
너는 역사 박물관을 방문해 본 적 있니?

ⓓ Ừ, mình đã đến 1 lần rồi.
응, 나는 한 번 방문했어.

2
① Mùa hè năm nay bạn định làm gì?
올해 여름에 당신은 무엇을 할 예정입니까?

모범 답안 Tôi định đi du lịch. 저는 여행 갈 예정입니다.

② Bạn sắp đi ngủ chưa? 당신은 곧 자러 갑니까?

모범 답안 Rồi. Tôi sắp đi ngủ rồi. 네. 저는 곧 자러 갑니다.

Chưa. Tôi chưa đi ngủ.
아직입니다. 저는 아직 자러 가지 않습니다.

③ Bạn đã bao giờ uống cà phê Việt Nam chưa?
당신은 베트남 커피를 마셔 본 적 있습니까?

모범 답안 Rồi. Tôi đã từng uống rồi.
네. 저는 마셔 봤습니다.

Chưa. Tôi chưa bao giờ uống.
아직입니다. 저는 마셔 본 적 없습니다.

3 ① O ② X ③ X

A: Quả này là quả gì, em? Em ăn ngon quá!
이것은 무슨 과일이야, 동생아? 너무 맛있게 먹네!

B: Quả này gọi là sầu riêng ạ. 이건 두리안이라고 불러요.

Anh đã ăn quả này bao giờ chưa?
이 과일 먹어 본 적 있어요?

A: Anh chưa ăn lần nào. 먹어 본 적 없어.

B: Thế (vậy) anh ăn cùng em đi. Ngon lắm!
그러면 나랑 같이 먹어요. 아주 맛있어요!

A: Ừ, cảm ơn em! 응, 고마워!

4 A: Cháu đã đọc sách này bao giờ chưa? / Cháu đã bao giờ đọc sách này chưa?
너는 이 책을 읽어 본 적 있니?

B: Cháu chưa bao giờ đọc sách này. / Cháu chưa đọc sách này bao giờ.
저는 이 책을 읽어 본 적 없어요.

B: Nhưng nghe nói sách này rất hay.
하지만 듣기로는 이 책이 아주 재미있대요.

5 ① A: Tối nay chị định làm gì?
오늘 저녁에 당신은 무엇을 할 예정이에요?

B: Tối nay chị định gặp chị Lan.
오늘 저녁에 나는 란 씨를 만나기로 했어요.

② A: Phim sắp bắt đầu chưa? 영화 곧 시작해요?

B: Rồi ạ. Phim sắp bắt đầu rồi. 네. 영화가 곧 시작해요.

1 ① bao lâu ② tàu hỏa (xe lửa) ③ kế toán ④ rẻ
⑤ thịt ⑥ đi bộ ⑦ mất ⑧ bờ hồ

2 ① Từ 9 giờ sáng đến 11 giờ sáng, bạn làm gì?
오전 9시부터 오전 11시까지 당신은 무엇을 합니까?

모범 답안 Từ 9 giờ sáng đến 11 giờ sáng, tôi làm
việc ở công ty.
오전 9시부터 오전 11시까지 저는 회사에서 일합니다.

Trong 2 tiếng đó, tôi học tiếng Việt.
그 두 시간 동안 저는 베트남어를 공부합니다.

② Từ nhà bạn đến trung tâm thành phố bao xa?
당신의 집에서 도시 중심가까지 얼마나 멉니까?

모범 답안 Từ nhà tôi đến trung tâm thành phố
mất 30 phút bằng xe buýt.
우리 집에서 시내까지 버스로 30분 걸립니다.

Từ nhà tôi đến trung tâm thành phố chỉ
2 km thôi. 우리 집에서 시내까지 겨우 2km입니다.

③ Bạn học từ mới bằng gì?
당신은 무엇으로 새 단어를 공부합니까?

모범 답안 Tôi học từ mới bằng từ điển.
저는 사전으로 새 단어를 공부합니다.

Tôi học từ mới bằng sổ tay.
저는 수첩으로 새 단어를 공부합니다.

3 ① O ② X ③ O

A: Chị ơi, từ Seoul đến Hà Nội mất bao lâu?
누나, 서울에서 하노이까지 얼마나 오래 걸려요?

B: Từ Seoul đến Hà Nội mất 4 tiếng 30 phút.
서울에서 하노이까지 4시간 30분 걸려요.

A: Khi nào chúng ta đến Hà Nội?
우리 언제 하노이에 도착하나요?

B: Chúng ta đã bay 3 tiếng rưỡi rồi. Chỉ còn 1 tiếng
thôi. 우리는 3시간 반 비행했어요. 겨우 1시간 남았어요.

4 Năm ngoái, tôi đã đi du lịch Sa Pa bằng xe lửa.
작년에 저는 기차로 사파에 여행 갔습니다.

Từ Hà Nội đến Sa Pa bằng xe lửa mất 8 tiếng.
하노이에서 사파까지 기차로 8시간 걸립니다.

Tháng 10 năm nay, tôi định đi Sa Pa một lần nữa.
올해 10월에 저는 다시 한번 사파에 갈 예정입니다.

Đi xe khách chỉ mất 5 tiếng thôi.
관광버스로 가면 5시간밖에 안 걸립니다.

Cho nên lần này tôi sẽ đi bằng xe khách.
그래서 이번에는 제가 관광버스로 갈 것입니다.

5 ① A: Từ Hàn Quốc đến Việt Nam mất bao lâu?
한국에서 베트남까지 얼마나 오래 걸려?

B: Từ Hàn Quốc đến Việt Nam mất khoảng 5
tiếng. 한국에서 베트남까지 약 5시간 걸려.

② A: Bác ra sân bay bằng gì ạ?
아주머니, 무엇을 타고 공항으로 가세요?

B: Bác ra sân bay bằng tắc xi.
나는 택시를 타고 공항으로 가.

Bài 21 저는 갈 수 있어요.

P188-189

1 ① tham gia ② lái xe ③ xin việc ④ không thể
⑤ còn ⑥ sôi ⑦ triển lãm ⑧ phát âm

2 ① Bạn có thể ăn rau thơm (ngò) được không?
당신은 고수를 먹을 수 있습니까?

모범 답안 Được. Tôi có thể ăn được rau thơm (ngò).
네. 저는 고수를 먹을 수 있습니다.

Không được. Tôi không thể ăn được rau
thơm (ngò).
안 됩니다. 저는 고수를 먹을 수 없습니다.

② Bạn có thể lái xe máy được không?
당신은 오토바이를 운전할 수 있습니까?

모범 답안 Được. Tôi có thể lái xe máy được.
네. 저는 오토바이를 운전할 수 있습니다.

Không được. Tôi không thể lái xe máy
được.
안 됩니다. 저는 오토바이를 운전할 수 없습니다.

③ Bạn đã học tiếng Việt được bao lâu rồi?
당신은 베트남어를 공부한 지 얼마나 오래 됐습니까?

모범 답안 Tôi đã học tiếng Việt được hơn 6 tháng
rồi.
저는 베트남어를 공부한 지 6개월 이상 되었습니다.

④ Bạn sẽ học tiếng Việt trong bao lâu nữa?
당신은 베트남어를 얼마나 더 오래 공부할 것입니까?

모범 답안 Tôi sẽ học tiếng Việt trong 1 năm nữa.
저는 1년 동안 더 베트남어를 공부할 것입니다.

3 ① O ② X ③ O

A: A lô. Tú ơi, khi nào cậu đến được?
여보세요. 뚜야, 너 언제 도착할 수 있어?

B: Xin lỗi, tớ sắp đến rồi. Cậu chờ lâu chưa?
미안해, 나 곧 도착해. 오래 기다렸어?

A: Tớ đợi 30 phút rồi. Cậu đến đây mất bao lâu nữa?
기다린 지 30분 됐어. 네가 여기 오는데 얼마나 더 오래 걸려?

B: 5 phút nữa thôi. Xin lỗi cậu. 딱 5분만 더 걸려. 미안해.

4 ① để ② tháng 7 ③ rồi
④ một chút ⑤ chăm chỉ ⑥ 4 tiếng

Tháng 8 năm ngoái, Chi đã sang Hàn Quốc để học.
작년 8월에 찌는 공부하러 한국에 왔습니다.

Bây giờ là tháng 7. Chi đã sống ở Hàn Quốc đúng 1
năm rồi.
지금은 7월입니다. 찌는 한국에 산 지 딱 1년 되었습니다.

Lúc đầu, Chi chỉ biết một chút tiếng Hàn thôi.
처음에 찌는 한국어를 아주 조금 알고 있었습니다.

Nhưng mỗi ngày, Chi học tiếng Hàn rất chăm chỉ.
Chi học 4 tiếng ở trường.
하지만 매일 찌는 한국어를 아주 열심히 공부합니다. 찌는 학교에서
4시간 동안 공부합니다.

Về nhà cũng ôn lại trong 4 tiếng. Bây giờ Chi nghe
và nói tiếng Hàn khá giỏi.
집에 돌아와서도 4시간 동안 복습합니다. 지금 찌는 한국어 듣기와
말하기를 꽤 잘합니다.

5 ① A: Em hỏi một chút được không ạ?
저는 질문 조금 해도 될까요?

B: Được. Em hỏi gì? 가능해. 무엇이 궁금하니?

② A: Em làm việc ở công ty này được bao lâu rồi?
당신은 이 회사에서 일한 지 얼마나 오래 됐나요?

B: Em làm việc ở công ty này được 2 năm rưỡi rồi ạ.
저는 이 회사에서 일한 지 2년 반 됐습니다.

Bài 22 한국에 자주 가세요? P196-197

1 ① chứng chỉ ② nói dối ③ ít khi ④ đồ cũ
⑤ trước khi ⑥ tốt nghiệp ⑦ lịch trình
⑧ nghỉ ngơi

2 ① Bạn có hay xem phim không?
당신은 영화를 자주 봅니까?

모범 답안 Có. Tôi hay xem phim.
네. 저는 영화를 자주 봅니다.

Không. Tôi ít khi xem phim.
아니요. 저는 영화를 잘 안 봅니다.

② Tôi thường gội đầu vào ban đêm. Còn bạn?
저는 보통 밤에 머리를 감습니다. 당신은요?

모범 답안 Tôi cũng thế. Tôi luôn luôn gội đầu vào
ban đêm.
저도 그렇습니다. 저는 항상 밤에 머리를 감습니다.

Tôi ít khi gội đầu vào ban đêm.
Tôi thường gội đầu vào buổi sáng.
저는 밤에는 머리를 잘 감지 않습니다. 저는 보통 아침
에 머리를 감습니다.

③ Trước khi ăn cơm, bạn có rửa tay không?
밥 먹기 전에 당신은 손을 씻습니까?

모범 답안 Có. Tôi luôn luôn rửa tay trước khi ăn
cơm. 네. 저는 밥 먹기 전에 항상 손을 씻습니다.

Tôi thỉnh thoảng không rửa tay trước
khi ăn cơm.
저는 밥 먹기 전에 가끔 손을 씻지 않습니다.

3 ① O ② X ③ X
A: Cuối tuần bạn có thường dậy sớm không?
너는 주말에 보통 일찍 일어나니?

B: Trước đây, mình không bao giờ dậy sớm vào
cuối tuần. Nhưng dạo này, mình luôn luôn dậy
sớm.
예전에는 난 주말에 절대 일찍 일어나지 않았어. 하지만 요즘에
나는 항상 일찍 일어나.

A: Ồ, sao thế (vậy)? 오, 왜 그래?

B: Vì mình chơi cầu lông với các bạn.
왜냐하면 친구들과 함께 배트민턴을 해.

4 ① luôn luôn ② Trước khi ③ Vào
④ thường ⑤ lúc ⑥ Sau khi

Tôi luôn luôn thức dậy lúc 7 giờ sáng.
저는 항상 아침 7시에 일어납니다.

Trước khi đi làm, tôi tắm và ăn sáng.
출근하기 전에, 저는 목욕을 하고 아침을 먹습니다.

Vào buổi sáng, tôi làm việc từ 8 giờ 30 đến 12 giờ.
아침에 저는 8시 30분부터 12시까지 일합니다.

Tôi thường đi ăn trưa với đồng nghiệp.
저는 보통 동료와 함께 점심을 먹으러 갑니다.

Chúng tôi rất thích ăn món ngon.
저희는 맛있는 음식을 먹는 것을 아주 좋아합니다.

Tôi thường tan làm lúc 5 giờ 30.
저는 보통 5시 30분에 퇴근합니다.

Sau khi tan làm, tôi đi tập Yoga 1 tuần 3 lần.
퇴근 후에 저는 일주일에 세 번 요가를 하러 갑니다.

Tôi thường đi ngủ lúc 12 giờ đêm.
저는 보통 밤 12시에 잠자리에 듭니다.

5 ① A: Em có hay ngủ trưa không? 너는 자주 낮잠을 자니?

B: Có ạ. Em hay ngủ trưa.
네. 저는 낮잠을 자주 자요.

② A: Khi ăn cơm, người Hàn thường dùng gì?
밥 먹을 때, 한국 사람은 보통 무엇을 사용하니?

B: Khi ăn cơm, người Hàn thường dùng thìa và
đũa ạ.
밥 먹을 때, 한국 사람은 보통 숟가락과 젓가락을 사용합니다.

Bài 23 얼마예요? P204-205

1 ① rang (chiên) ② nải ③ chuối ④ mát
⑤ bớt ⑥ mùa ⑦ suất ⑧ giảm giá

2 ① Quyển sách tiếng Việt này giá bao nhiêu?
이 베트남어 책은 얼마입니까?

모범 답안 **Quyển sách này 16.900 won.**
이 책은 16,900원입니다.

② Vào mùa hè, bạn làm gì cho đỡ nóng?
여름에 당신은 더위가 가시도록 무엇을 합니까?

모범 답안 **Tôi uống cà phê đá cho đỡ nóng.**
저는 더위가 가시도록 아이스 커피를 마십니다.

③ Bạn muốn xem thực đơn. Bạn hãy nói với nhân
viên quán.
당신은 메뉴를 보고 싶습니다. 카페 직원에게 말해 보세요.

모범 답안 **Cho tôi menu.** 저에게 메뉴판을 주세요.

Cho chị xem menu. 나에게 메뉴판을 보여줘.

3 ① X ② O ③ X

A: Chị ơi, quýt này bao nhiêu tiền?
저기요, 이 귤 얼마예요?

B: Quýt 50.000 đồng 1 cân (ký). 귤 1kg에 5만 동이에요.

A: Chị giảm giá cho em được không?
할인해 주실 수 있나요?

B: Anh mua nhiều không? 많이 사실 거예요?

A: Cho em hai cân (ký). Chị bớt đi! 2kg 주세요. 깎아 주세요!

B: Được. Em bớt 10.000 cho anh. Em chỉ lấy 90 thôi.
그래요. 만 동 깎아 드릴게요. 저 9만 동만 받을게요.

4 ① Anh cho em mở cái USB này.
② Em tắt điện cho chị đi.
③ Anh hãy kiểm tra tài liệu đó đi.

5 ① A: Cho tớ mượn cục tẩy (gôm) được không?
나한테 지우개 좀 빌려줄 수 있어?

B: Được. Cậu lấy đi. 가능하지. 가지고 가.

② A: Đói quá! Không chịu được!
너무 배고파요! 못 견디겠어요!

B: Chị ăn chuối cho đỡ đói đi.
허기가 가시게 바나나를 먹어요.

Bài 24 늦으면 안 돼요. P212-213

1 ① hộ chiếu ② không nên ③ giận ④ tin
⑤ nói khoác ⑥ ví ⑦ tắc xi ⑧ qua

2 ① Bạn của bạn đã chia tay với bạn trai. Bạn ấy đang
khóc. Bạn sẽ nói gì?
당신의 한 친구가 남자 친구와 헤어졌습니다. 그 친구는 울고 있
습니다. 당신은 무엇이라고 말할 것입니까?

모범 답안 **Bạn đừng buồn nhé.** 슬퍼하지 마.

Cậu đừng khóc. 울지 마.

② Bạn của bạn uống rượu rất nhiều. Bạn sẽ nói gì?
당신의 한 친구가 술을 아주 많이 마십니다. 무엇이라고 말할 것
입니까?

모범 답안 **Bạn không nên uống rượu nhiều thế.**
너 술을 그렇게 많이 마시면 안 돼.

③ Khi đi xe máy, mọi người phải đội gì cho an
toàn?
오토바이를 탈 때, 안전을 위해서 다들 무엇을 착용해야 합니까?

모범 답안 **Khi đi xe máy, mọi người phải đội mũ
(nón) bảo hiểm cho an toàn.**
오토바이를 탈 때, 안전을 위해서 다들 헬멧을 착용해야
합니다.

3 ① X ② O ③ O

A: Em ơi, em đang làm gì đấy? 얘, 너 뭐하는 거야?

B: Sao chị? 왜 그래요, 누나?

A: Em không được dùng điện thoại ở đây! Ở đây cấm sử dụng điện thoại.
너 여기서 전화 사용하면 안 돼! 여기 전화 사용 금지야.

B: Ôi, em xin lỗi. 아, 죄송합니다.

A: Ừ, em phải tắt điện thoại nhé. 응, 전화기 꺼야 해.

B: Dạ, vâng. Em tắt ngay đây ạ. 네. 바로 끌게요.

4 ① Chúng ta đi ăn tối đi nhé.
② Khi đi ra ngoài, con phải đeo khẩu trang. / Con phải đeo khẩu trang khi đi ra ngoài.
③ Không nên sử dụng vòi nước này.

5 ① A: Ở đây cấm rẽ (quẹo) phải.
여기서는 우회전 금지입니다.

B: Ôi, em mới thấy. 아, 이제야 봤습니다.

② A: Cháu không nên đến muộn (trễ).
너 지각하면 안 된다.

Cháu phải đến đúng giờ. 너 정시에 와야 해.

B: Cháu xin lỗi ạ. Lần sau cháu sẽ đến đúng giờ ạ.
죄송합니다. 다음 번에는 정시에 오겠습니다.

Bài 25   무엇이 필요하세요?   P220-221

1 ① đặt   ② xe cấp cứu   ③ thoải mái   ④ ngồi
⑤ riêng   ⑥ khăn   ⑦ mời   ⑧ đỏ

2 ① Hôm nay bạn cần làm gì?
오늘 당신은 무엇을 할 필요가 있습니까?

모범 답안 Hôm nay tôi phải ôn tập tiếng Việt.
저는 오늘 베트남어 복습을 해야 합니다.

Hôm nay tôi cần đi chợ.
오늘 저는 시장에 갈 필요가 있습니다.

② Bạn sẽ nói gì với bố mẹ trước khi ăn cơm?
당신은 밥을 먹기 전에 부모님께 무엇이라고 말할 것입니까?

모범 답안 Con mời bố mẹ ăn cơm ạ.
아버지 어머니, 식사 맛있게 하세요.

③ Bạn đang làm việc và cần dịch hồ sơ. Bạn sẽ nói gì với đồng nghiệp?
당신은 일을 하고 있는데 자료 번역이 필요합니다.
당신은 동료에게 무엇이라고 말할 것입니까?

모범 답안 Em dịch hồ sơ này giúp anh được không? 날 위해서 이 문서를 번역해 줄 수 있니?

3 ① X ② X ③ O

A: Chào anh. Em có thể giúp gì cho anh?
안녕하세요. 무엇을 도와드릴까요?

B: Dạ, chào chị. Tôi muốn đặt phòng.
안녕하세요. 방을 예약하고 싶습니다.

A: Anh cần loại phòng gì, vào ngày nào ạ?
언제, 어느 종류의 방이 필요하세요?

B: Tôi cần hai phòng đơn từ thứ ba đến thứ năm.
화요일부터 목요일까지, 1인실 두 개가 필요합니다.

A: Dạ, được rồi ạ. 네, 되었습니다.

B: À, quên. Chị nhớ cho tôi phòng không hút thuốc nhé. 아, 잊어버렸네요. 금연실로 주시는 것 기억해 주세요.

A: Vâng ạ. Em đã đặt phòng không hút thuốc rồi ạ.
네. 금연실로 예약했습니다.

4 ① tìm   ② cần   ③ giúp
④ mời   ⑤ loại   ⑥ chờ

A: Chào em. Em **tìm** gì? 안녕하세요. 무엇을 찾고 계세요?

B: Chào anh ạ. Em **cần** mua một cái tai nghe. Anh giới thiệu **giúp** em được không?
안녕하세요. 저는 이어폰 하나를 살 필요가 있어요. 저를 위해 추천해 주실 수 있나요?

A: **Mời** em vào đây. Em cần **loại** tai nghe nào? Thích hãng nào?
여기로 들어오세요. 어느 종류의 이어폰이 필요하세요? 어느 브랜드를 좋아하세요?

B: Em muốn xem loại không dây ạ. Nhưng em không biết hãng nào tốt.
저는 무선 종류를 보고 싶어요. 하지만 어느 브랜드가 좋은지는 몰라요.

A: Thế (Vậy) **chờ** anh một chút nhé.
그러면 조금만 기다려 주세요.

5 ① A: Tôi ngồi ở đâu, cô? 제가 어디에 앉을까요, 아가씨?

B: **Xin mời bà ngồi ở đây ạ.** 할머님 여기에 앉으세요.

② A: **Em kiểm tra máy tính giúp chị được không?** / **Em giúp chị một chút được không?**
저를 도와서 컴퓨터를 확인해 주실 수 있어요? / 조금 도와줄 수 있으세요?

B: **Được. Để em xem ạ.** 가능해요. 제가 볼게요.

Bài 26   오늘 날씨 어때요?   P228-229

1 ① thời tiết   ② mùa xuân   ③ mặc   ④ nắng
⑤ thế nào   ⑥ xinh   ⑦ xuống   ⑧ dự báo

2 ① Bạn thích thời tiết như thế nào nhất?
당신은 어떤 날씨를 가장 좋아합니까?

모범 답안 Tôi thích trời nắng đẹp.
저는 맑고 화창한 날씨를 좋아합니다.

② Mùa hè và mùa đông, bạn thích mùa nào hơn?
여름과 겨울 중에 당신은 어느 계절을 더 좋아합니까?

모범 답안 Tôi thích mùa hè hơn. Vì tôi rất thích thể thao dưới nước.
저는 여름을 더 좋아합니다. 수상 스포츠를 좋아하기 때문입니다.

③ Bạn học tiếng Việt thế nào?
당신은 어떻게 베트남어를 공부합니까?

모범 답안 Tôi học tiếng Việt ở trung tâm.
저는 학원에서 베트남어를 공부합니다.

3 ① O   ② X   ③ O
Thời tiết Hà Nội hôm nay rất đẹp.
오늘 하노이의 날씨는 아주 아름답습니다.

Trời ít mây, ít gió và không mưa.
구름, 바람이 조금 있고 비는 오지 않습니다.

Nhiệt độ thấp nhất là 20 độ C, cao nhất là 28 độ C.
최저 온도는 20도, 최고 온도는 28도입니다.

4 ① khác   ② bốn   ③ đông   ④ nhất
⑤ chịu   ⑥ chỉ   ⑦ to

Thời tiết ở miền Bắc **khác** miền Nam.
남부 지역과 북부 지역의 기후는 아주 다릅니다.

Miền Bắc có **bốn** mùa như Hàn Quốc.
북부 지역은 한국처럼 사계절이 있습니다.

Đó là mùa xuân, hạ, thu, **đông**.
그것은 봄, 여름, 가을, 겨울입니다.

Nhiều người thích mùa thu **nhất** vì ít mưa và dễ **chịu**.
비가 적게 오고 견디기 쉽기 때문에 많은 사람들이 가을을 가장 좋아합니다.

Còn ở miền Nam **chỉ** có hai mùa là mùa khô và mùa mưa.
반면에 남부 지역에서는 단지 두 계절, 건기와 우기만 있습니다.

Vào mùa mưa, mưa **to** trong khoảng 1 - 2 tiếng.
여름에는 1~2시간 동안 큰비가 내립니다.

5 ① A: **Thời tiết hôm nay thế nào ? / Hôm nay trời thế nào?** 오늘 날씨 어때요?

B: Hôm nay trời mưa nhiều và lạnh.
오늘은 비가 많이 내리고 추워요.

② A: **Chị thích kem nào hơn?**
당신은 어느 아이스크림이 더 좋아요?

B: Chị thích kem vị sô cô la hơn.
저는 초콜릿 맛 아이스크림이 더 좋아요.

Bài 27 이 옷 입어봐도 되나요? P236-237

1 ① cỡ ② cún ③ thẻ tín dụng ④ hợp
⑤ chật ⑥ quyết định ⑦ màu nâu ⑧ hoặc

2 ① Bạn thích uống nước hoa quả (trái cây) hơn hay cà phê hơn?
당신은 과일 주스 마시는 것을 더 좋아합니까, 아니면 커피 마시는 것을 더 좋아합니까?

모범 답안 **Tôi thích cà phê hơn.**
저는 커피를 더 좋아합니다.

② Bây giờ bạn đang ở nhà nhưng hơi đói. Bạn sẽ làm gì?
지금 당신은 집에 있지만 배가 약간 고픕니다. 당신은 어떻게 할 것입니까?

모범 답안 **Tôi sẽ nấu ăn.**
저는 요리를 할 것입니다.

---

③ Bạn đang thử đồ ở cửa hàng quần áo. Bạn muốn thử lại size khác. Bạn sẽ nói gì?
당신은 옷가게에서 옷을 입어보고 있습니다. 다른 사이즈를 입어 보고 싶은데 뭐라고 할 것입니까?

모범 답안 **Có cỡ lớn hơn không ạ?**
더 큰 사이즈가 있어요?

3 ① O ② X ③ X

A: Bác ơi, cho cháu xem giày trắng này ạ.
아저씨, 이 하얀 신발 좀 보여 주세요.

B: Ừ, cháu đi size bao nhiêu? 응, 사이즈 몇 신니?

A: 36 ạ. 36이요.

B: Đây, cháu thử đi. Có vừa không?
여기, 신어 보렴. 잘 맞니?

A: Hơi rộng một chút ạ. 조금 헐렁해요.

B: Vậy cháu thử cỡ 35 này đi. 그러면 여기 35를 신어 봐.

A: Ồ, cái này đi thoải mái lắm. Giá bao nhiêu ạ?
오, 이거 엄청 편하네요! 가격이 얼마예요?

B: Hai trăm rưởi thôi. Rẻ chứ? 25만 동이야. 저렴하지?

A: Dạ, vâng. Cho cháu gửi tiền. 네. 여기 돈 드릴게요.

4 ① Cháu nói thật chứ? (O) 너 사실대로 말하는 거지?

② Lương tháng của em là 7 triệu nửa ạ. (X)
➡ Lương tháng của em là 7 triệu **rưởi** ạ.
제 월급은 750만 동이에요.

③ Ông mới sang bên này nửa tháng rồi. (O)
할아버지는 이쪽에 온 지 겨우 보름되었다.

④ Chị thích áo màu kem hơn hoặc màu nâu hơn? (X)
➡ Chị thích áo màu kem hơn **hay** màu nâu hơn?
언니 크림색 옷이 더 좋아요, 아니면 갈색이 더 좋아요?

5 ① A: **Bà gọi phở bò tái hay phở bò chín ạ?**
할머니, 생 소고기 쌀국수와 익힌 소고기 쌀국수 중 무엇을 주 문하시겠어요?

B: Cho bà phở chín nhé. 익힌 소고기 쌀국수로 주세요.

② A: Chị sống ở đây được bao lâu rồi?
당신은 여기에 산지 얼마 됐어요?

B: Tôi đã sống được 2 năm rưỡi rồi.
저는 산 지 2년 반 됐어요.

1 ① uống thuốc   ② trông   ③ căng thẳng   ④ khỏi
⑤ già   ⑥ khám bệnh   ⑦ nếu   ⑧ bệnh

2 ① Mai trông không khỏe. Bạn sẽ nói gì?
마이는 안 좋아 보입니다. 당신은 뭐라고 할 것입니까?

모범 답안 Mai bị ốm à? Có sao không?
마이야, 아파요? 괜찮아요?

② Bạn bị cảm và đang khám bệnh ở bệnh viện.
Bạn sẽ nói gì với bác sĩ?
당신은 감기에 걸려서 병원에서 진찰을 받고 있습니다. 의사 선생님에게 뭐라고 할 것입니까?

모범 답안 Tôi bị sổ mũi và ho nhiều.
저는 콧물이 나고 기침을 많이 합니다.

③ Bạn có hẹn nhưng bạn đến muộn. Bạn sẽ nói gì với bạn của bạn?
당신은 약속이 있는데 지각했습니다. 당신의 친구에게 뭐라고 할 것입니까?

모범 답안 Xin lỗi cậu, tớ đến muộn rồi.
미안해. 내가 늦게 왔어.

3 ① X   ② O   ③ O
A: Chào cô. Cô bị làm sao ạ?
안녕하세요. 어디가 불편하세요?

B: Chào bác sĩ. Tôi bị đau họng và hơi sốt ạ.
의사 선생님, 안녕하세요. 저는 목이 아프고 열이 조금 납니다.

A: Cô bị từ khi nào? 언제부터 아팠나요?

B: Từ hôm kia ạ. 그저께부터요.

A: Cô uống thuốc gì chưa? 약은 드셨어요?

B: Rồi, nhưng vẫn không khỏi ạ. 네, 하지만 안 나아요.

A: Cô bị viêm họng nhẹ rồi. Cô uống thuốc này và uống nhiều nước nhé.
가벼운 편도염에 걸리셨네요. 이 약을 드시고 물을 많이 마시세요.

B: Vâng, cảm ơn bác sĩ ạ. 네, 감사합니다.

4 ① ướt   ② cảm   ③ ho
④ không   ⑤ uống   ⑥ đỡ

Hôm qua khi trời mưa rất to, tôi không có áo mưa nên bị ướt.
그저께 큰 비가 내릴 때 저는 비옷이 없어서 젖었습니다.

Cho nên tôi bị cảm. Từ tối qua, tôi bị sốt cao, lạnh và ho nhiều.
그래서 저는 감기에 걸렸습니다. 어제 저녁부터 저는 고열이 나고, 오한이 들고, 기침을 많이 했습니다.

Hôm nay tôi không thể đi làm nên được nghỉ.
오늘 저는 일할 수가 없어서 휴가를 받았습니다.

Buổi sáng tôi đã đi khám bệnh và uống thuốc.
아침에 저는 병원에 가고 약을 먹었습니다.

Bây giờ tôi đỡ hơn nhiều rồi.
지금 저는 많이 나아졌습니다.

5 ① A: Món này được làm bằng gì?
이 음식은 무엇으로 만들어져?

B: Món này được làm bằng gạo nếp.
이 음식은 찹쌀로 만들어져.

② A: Sao chị trông vui thế? 왜 그렇게 신나 보여요?

B: Vì ngày mai được nghỉ đấy! 내일 쉬기 때문이에요!

Bài 29 선물을 받았어요. P252-253

1 ① đánh ② mắng ③ thăng chức ④ món quà
⑤ đồ lưu niệm ⑥ đĩa CD ⑦ bộ phim
⑧ yêu thích

2 ① Địa điểm du lịch bạn thích nhất là ở đâu?
당신이 가장 좋아하는 여행지가 어디입니까?

모범 답안 **Tôi thích Nha Trang nhất.**
저는 냐 짱을 가장 좋아합니다.

② Bạn muốn được tặng quà gì vào ngày sinh nhật?
당신은 생일 때 어떤 선물을 받고 싶습니까?

모범 답안 **Tôi muốn được tặng máy tính xách tay vào ngày sinh nhật.**
저는 생일 때 노트북을 선물로 받고 싶습니다.

③ Canh mà bạn gọi hơi cay. Bạn sẽ nói gì?
당신이 시킨 국이 약간 맵습니다. 뭐라고 할 것입니까?

모범 답안 **Canh gì mà cay thế này?**
무슨 국인데 이렇게 매워요?

3 ① X ② X ③ O

A: Sao cậu trông buồn thế (vậy)? 너 왜 그렇게 슬퍼 보여?

B: Vì sáng nay tớ bị bố (ba) mắng.
오늘 아침에 아빠께 혼이 났기 때문이야.

A: Sao lại bị mắng? 어째서 혼이 났어?

B: Vì hôm qua bố (ba) bảo tớ dọn phòng. Nhưng mà tớ không dọn.
어제 아빠께서 나보고 방을 청소하라고 하셨어. 하지만 나는 청소를 안 했어.

Sáng nay, tớ tìm cặp mà không thấy.
오늘 아침에 책 가방을 찾았는데 안 보였어.

A: Ôi, cậu đừng buồn quá mà. 오, 너무 슬퍼하지 마.

B: Khi đến trường, tớ bị cô giáo phạt vì không mang theo cặp.
학교에 올 때 책가방을 안 가지고 왔다고 선생님께 벌도 받았어.

A: Trời ơi! 세상에!

4 ① Đây là phòng mà bất động sản đó giới thiệu cho.
② Cô ấy là ca sĩ mà được nhiều người yêu thích.
③ Sao ấm thế nhỉ? Bây giờ là mùa đông cơ mà.

5 ① A: Sao trông em vui thế? 왜 그렇게 신나 보여요?

B: Vì em được sếp khen.
왜냐하면 사장님께 칭찬을 받았거든요.

② A: Sao cậu trông có vẻ buồn nhỉ?
너 왜 슬퍼 보이지?

B: Vì tớ bị cảnh sát phạt.
왜냐하면 경찰한테 벌금을 냈거든.

Bài 30 베트남어는 재밌어요! P260-261

1 ① hy vọng ② năng lực ③ thú vị ④ giao tiếp
⑤ hấp dẫn ⑥ phát triển ⑦ kinh tế ⑧ trình độ

2 ① X ② O ③ O

A: Lâu rồi mới gặp Hoàng nhỉ. 오랜만이네, 호앙.

B: Ừ, lâu rồi không gặp Linh.
응, 링 오랜만이야.

Linh gầy (ốm) đi nhiều rồi. Cậu bị ốm (bệnh) à?
링이 살이 많이 빠졌네. 아파?

A: Không! Dạo này, tớ tập thể dục rất chăm chỉ.
아니! 나는 요즘 운동을 열심히 하고 있어.

Càng ngày càng tớ khỏe ra mà.
날이 갈수록 건강해지고 있는 걸.

3 ① Tôi và chạy bộ vừa nghe nhạc. (X)

➡ Tôi **vừa** chạy bộ vừa nghe nhạc.
나는 조깅하면서 음악을 들어요.

② Khi tôi thăng chức, lương của tôi cũng tăng đi. (X)

➡ Khi tôi thăng chức, lương của tôi cũng tăng **lên**. 승진할 때 내 월급도 올라가요.

③ Trẻ em lớn lên nhanh thật! (O)
아이들이 정말 빠르게 컸네요!

④ Càng biết về ông ấy, tôi cần thấy ông ấy là người tốt. (X)

➡ Càng biết về ông ấy, tôi **càng** thấy ông ấy là người tốt.
그 분에 대해 많이 알면 알수록 좋으신 분인 걸 알게 됐어요.

4 ① Bạn đã lấy được chứng chỉ tiếng Việt. Bạn thấy thế nào?
당신은 베트남어 자격증을 땄습니다. 느낌이 어떻습니까?

모범 답안 **Tôi thấy rất vui và có ý nghĩa. Tôi rất tự hào về bản thân tôi.**
저는 아주 기쁘고 보람을 느낍니다. 저는 제 자신에 대해 자부심을 느낍니다.

② Trong quá trình học, bạn thấy điều gì khó và điều gì dễ?
공부하는 과정 중에 당신은 어떤 점이 어려웠고 어떤 점이 쉬웠습니까?

모범 답안 **Với tôi, phát âm và học từ mới là khó nhất. Nhưng ngữ pháp dễ hơn tiếng Hàn.**
제게 있어서 발음과 새로운 단어를 공부하는 것이 가장 어려웠습니다. 하지만 문법은 한국어보다 쉬웠습니다.

③ Năng lực tiếng Việt của bạn đã thay đổi như thế nào? 당신의 베트남어 능력은 어떻게 변화했습니까?

모범 답안 **Lúc đầu, tôi chỉ biết một câu 'Xin chào.' Nhưng bây giờ tôi có thể giao tiếp bằng tiếng Việt được.**
처음에는 저는 'Xin chào.'밖에 몰랐습니다. 하지만 지금은 베트남어로 의사소통이 가능합니다.

④ Sau này, bạn có tiếp tục học tiếng Việt không?
이후에 당신은 베트남어를 계속 공부할 것입니까?

모범 답안 **Sau này, tôi sẽ bắt đầu học trung cấp.**
나중에 중급 공부를 시작할 것입니다.

메모장

메모장